시학의 재조명

국립중앙도서관 출판시도서목록(CIP)

시학의 재조명 / 저자: 홍창의. -- 서울 : 시간의물레, 2014
    p. ;   cm

ISBN 978-89-6511-087-3 93130 : ₩14000

시학[詩學]

802.1-KDC5
808.1-DDC21   CIP2014005762

시학의 재조명

홍창의 지음

시간의 물레

| Prolog |

2012년 12월 첫날,
서울 회현 지하상가에서 헌책 한 권을 샀다.
문예출판사에서 1988년 발간된 천병희 역,
'시학'이다.

아리스토텔레스 시학, 호라티우스 시학, 플라톤 시학을
한국어로 번역한 책이다.
그 당시 정가가 2,500원인 낡은 책을
2,000원 주고 사면서 새삼 물가인상을 체감한다.

글을 쓰는 학생들에게
꼭 한번 읽어보라고 권했는데,
수차례 이사를 하던 중에 옛날 가지고 있던 책은 없어지고,
요즘 나오는 책도 마땅한 게 없어,
주로 도서관 책을 이용하던 터라,
LP 레코드 가게 옆에서 발견한 허름한 책
'시학'은 모처럼 반가운 물건이다.
이 책은

시인이 되려는 사람만 읽어야 하는 책은
분명 아니다.
과거 그리스시대에는
학문이 세분화 되질 않았다.
문학이
소설, 시, 수필, 희곡 등의 장르와 같은
세부 구분도 없었다.
그래서 그게 다 '시학'이다.

그냥 편하게 시 쓰는 법,
글 쓰는 기술이란 뜻일 것이다.

지금에 와서 보면,
영화, 드라마, 소설, 커뮤니케이션, 언론, 마케팅, 광고에
아리스토텔레스가 말하는 시학은
뼛속 깊이 새겨 있다.

아마도 정치 분야에도
시학의 얘기는 먹힐 것이다.

그만큼 아리스토텔레스의 '시학'은

위대하다.
글 쓰는 법을
철저하게 분석해 놓은 것이다.

아리스토텔레스의 '시학'은
앞으로도
계속해서
위대할 것이다.
말하고
표현하는 방법을
인간 감정측면에서
논하고 있으니 말이다.

요즘의 프레젠테이션처럼
하나의 주제를 가지고 자료를
수집, 정리, 분석하여
자신만의 스타일을 살려서
발표할 때도
아리스토텔레스의 '시학'은 필요하다.

아리스토텔레스의 '시학'은

스토리텔링의 구조를
분석한 책이다.
오랜 세월 동안
이야기꾼들은
듣는 사람에게
어떻게 해야
즐거움을 주는지를
경험적으로 체득했다.

처음으로
'시학'은
이야기의 구조를
파헤쳤다.
관객들을 감동시키고,
즐거움을 주는
이야기의 포인트를
찾아내었다.

'시학'이야말로
스토리텔링 비밀의 열쇠다.

영화평론가들도
곧잘 '시학'을 인용한다.
시나리오와 영화도 분석하다 보면,
시학에서 말한 내용과 맞아 떨어지는
구석이 한둘이 아니다.

광고 카피라이터들도
틈만 나면,
'시학'을 들춰보곤 한다.
관심을 끌고
구매 욕구를 불러일으키는
포인트를 찾기 위해서다.

물론 인터넷 정보바다에 가면,
'시학'의 구절구절은
거의 모두 다 나와 있다.
책을 구해 본다 해도
책 자체도 처음부터 끝까지
그다지 일관성이 있어 보이지 않기에,
책이 무슨 큰 소용이 있겠냐 싶어도,
신식보다 구식이 더 좋은 점도 분명 있을 것이다.

그래도
책으로 읽으면
뭔가 맛이 다르다.

주로, 모방, 플롯, 언어에 대한 이야기다.

아리스토텔레스는 플라톤의 제자다.
플라톤은
영감에 의해서만
훌륭한 글이 써진다고 했다.
아리스토텔레스는
훌륭한 글에는
나름대로의 구조가 있고
그 구조를 엮는 방법을 익힌다면,
누구나가 글을 쓸 수 있다 했다.

억측일지 몰라도
영어의 'art'를
플라톤은 예술로 해석했고
아리스토텔레스는 '기술'로 해석한 게
아닌가 싶다.

예술가는

타고나야 하는 것이고

기술자는

기술을 연마하면,

누구나 될 수 있다.

작품을 있는 그대로

작품 속에서 분석하여 보고자 했던

아리스토텔레스는

플라톤의 이데아[1]를

현실세계로 끌어들인 사람이다.

플라톤은 사물을 볼 때와

사건을 바라볼 때,

있는 그대로를 보는 방식보다는

이데아의 세계가

지배하고 있다고

믿고 싶었을 것이다.

사실, 기술자가 경지를 넘어서

만든 작품을 볼 때,

---

1) 모든 존재와 인식의 근거가 되는 항구적이며 초월적인 실재.

이건 예술이야 하고
감탄할 수 있다.

기술과 예술의 차이는
인간이 느끼는 감동 범위의 차이다.
일상적 범주 안에 있다면,
기술이고
범위를 벗어난 것이라면,
당연히 예술이다.

본래 시학에는
비극과 희극으로 되어 있을 텐데,
지금은 비극만이 전해져
비극에 대한 사항이 주로 언급된다.

그러나
읽다 보면,
희극 전체에 대한 이해도
어느 정도는
생길 것이다.

지금부터 총 26장으로 되어 있는
'시학'을 한 장 한 장
주관적 관점을 섞어
현대적 시각으로
재조명하고자 한다.

가급적
천병희 역, '시학'의 구절을 인용할 때면,
따옴표를 이용하여
표기할 것이다.

그 책을 읽다
문맥이 맞지 않거나
표현이
요즘 사람들에게 익숙지 않다고
느껴질 때에는
프랑스어로 작성된
인터넷 판 '시학'을 참조하여
이해가 쉬운 단어를 찾고
원래의 뜻을 찾고자 할 것이다.

목　차

시학의 재조명

시학의 재조명 1
- 모방 1 -

'시학'의 제1장에서는
'모방'이라는 단어가 많이 등장한다.
사실 1장뿐만 아니라
'시학' 전체에서 모방이라는
단어가 자주 등장한다.
또한, 1장이다 보니,
전체적인 개괄에 해당하는
시의 본질, 종류, 종류별 기능에 대한
간략한 소개도 이루어지고 있다.

특히, 시의 본질에 대한
내용이 강조된다.
시의 본질은
자신의 감정을 솔직히 표현하는 것이라고
말한다.

솔직한 감정을
돌직구로 표현하면 된다.
본질은
무엇보다도 앞서는
중요한 항목이다.

본질은
시대를 초월해서 존재하는
영원한 덕목이다.

본질에 대한 표현은
광고사례에서도 발견할 수 있다.

해외에서 판매되는 LG 드럼 세탁기의 카피,
하나를 살펴보자.

"Clothes as clean as new ones".

허허, 세탁기라면 당연한 얘기고 기본 아닌가.
그렇게 생각할 사람도 있을 것이다.

이 광고는
어쩌면 최근의 광고 추세를
뒤엎고 있다.

사실 실용광고도
기능 본질에 충실해야 한다고 본다.

세탁기의 본질은
소음이 적다는 것이 아니다.
세탁기의 본질이
전기요금 고저에 있는 것도 아니다.

역시 세탁기의 본질은
새 옷처럼 깨끗하게 만들어 준다는 것이다.

물론 이런 종류의 카피는
독창적이지 않다.
비슷한 게 너무 많다.
서로가 서로를 모방하기 때문이다.

그러나 소비자를 감동시키는 모방은
따로 있다.
소음이 적게 나는 것을 원하는 지,
전기요금을 적게 지불하기를 원하는지,
아니면, 깨끗한 옷이 필요한지?

소비자의 선택 사항이다.
어떤 기능을 다수가 원할 것인가?
아무도 모른다.
그때그때 다르다.

모든 사람들이
wants를 모방할 때,
식상도 하고

needs를 공급자가
너무 무시할 때,
이때야말로
소비자는
오히려 wants보다는
needs를 추구할지도 모른다.

모방도 유행 따라 흐르고
주기에 따라
복고풍이 다시 돌아올 수 있다.

결국 중요한 그 시점에
다수가 선택하는 것이 승자다.

본질은 늘 중요하지만,
본질을 더 중요하게 만드는 것은
타이밍이다.

시학의 재조명 2
- 모방 2 -

시학에서는
모방 수단에 대해 이렇게 말한다.

색채와 형태를 통한 모방.
글 따위의 서술에 의한 모방.
소리에 의한 모방.
율동과 언어에 의한 모방.

광고도 모방 수단은 마찬가지다.
카피, 그림, 도해, 삽화, 디자인, 컷, 만화, 사진이
모방 수단이 된다.

방송에서는 음악과 춤, 목소리가 더해진다.
광고의 표현 구성요소라고도 불리지만,
엄밀히 말하면, 모방수단이 된다.

모방은 이러한 수단들을 단독으로 사용하기도 하고
혼합하여 사용하기도 한다.

탕수육을 먹는
최초의 방법을 개발한 사람이
누군지는 모르지만,
인류 최초로
탕수육 튀김 고기에
탕수육 소스 국물을 부어 먹었다면,
사람들은 그 방법을 모방하여 누구나 그렇게 먹을 것이다.
그러나 누군가가
구운 만두를 간장에 찍어 먹듯이,
탕수육 튀김 고기를 소스 국물에 찍어 먹는다면,
이것도 새로운 방법이 될 수 있다.

모방은
많은 사람이 따라 해야
인기가 있다.
방법은 한 가지만 있는 게 아니다.
고정값이 아니다.

과학철학자 파이어아벤트가 '방법에의 도전'에서
말했듯이,
특유의 방법이란 존재치 않고,
지금 사람들이
주로 남을 따라서 하고 있는
방법이란 것이
비합리적이고 주관적인 요소가 많은 게 사실이다.

우리는 가장 많은 사람들이
모방하고 인기 있는 방법에 대해서만
전수시키고
나머지는 도태시킨다.
일종의 '방법의 민주화'다.

광고는
모방 수단의 적절성을
크게 따지지 않는다.
그 대신 많은 사람들이
주목할 만한 모방 수단을
최우선시한다.

모방수단은 끊임없이
진화한다.

시학의 재조명 3
- 모방 3 -

시학 2장에서의 첫머리 주제는
모방이다.

누구를 모방할 것인가?

착한 사람을 모방할까? 혹은
나쁜 사람을 모방할까?

원서(原書)에서는 덕과 부덕으로
모방의 대상을 구별한다.
쉽게 풀어쓰면,
착한 인격과 나쁜 인격이다.
둘 다 모방한다는 것이다.

마케팅에서 다루는 모방은
착한 사람, 예쁜 사람, 강한 사람...

긍정적 이미지를 중심으로 이루어진다.

광고에서도
소비자의 모방 심리를 자극한다.
빼어나게 예쁜 여자 광고모델은
소비자의 자아와 객관적 판단을 무력화시킨다.
광고 모델을 따라 하고 싶어진다.

유행과 구전 마케팅은
대표적인 모방 소비다.
책방에선 왜 베스트셀러 책을
전면에 디스플레이 할까?
출판사는 자기 돈으로
자기가 출판한 책을 몽땅 사들여
베스트셀러를 인위적으로
만들려고 할까?
사람들은 베스트셀러에 열광한다.
다 모방 심리다.

선거판에서 여론조사도
모방 심리를 자극한다.

정책이나 정당에
관심이 그다지 없는 사람들은
내가 찍은 사람이
당선되기를 간절히 바란다.
그래서 남의 의견을
미리 엿본다.
그 같은 욕망을 채워주는 것이
여론조사 아닐까?

연극도
일종의 모방이다.
희극은
상식 이하의 바보를 모방하고
비극은
실제 이상의 선인을 모방할지도 모른다.

사회 현상 전체가
일종의 모방이다.
진정한 창조는
신만이 하는 것이고
인간은 모방만 할 뿐이다.

창작은
어쩌면 모방의 티가
안 나게 하는
모방일지도 모른다.
출생도 모방이다.
남하듯이 나도 태어났으니.
죽음도 모방이다.
제아무리 잘난 체해도
다른 사람처럼
언젠가는
누구나
죽게 마련이니.

광고를 잘하려면,
모방을 잘해야 한다.
남의 광고를
모방하라는 얘기가 아니라,
착한 사람의 성격이
뭔가를 세밀하게 분석하여
모방하라는 것이다.

모방은
싸구려 짝퉁 가방이 아니다.
모방은
복사기에서 쏟아져 나오는
사본이 아니다.
모방은 착한 사람의
그 무언가를
닮아 가는 것이다.

모방과 표절의 차이는
방법론 보다는
인식론에 있다.

새롭게 인식하고자 하는
재인식, 재조명의
노력이
모방을 모방답게
만들어 줄 것이다.

시학의 재조명 4

- 드라마 -

제3장에는 드라마란 표현이 나온다.

드라마란

연극(演劇), 희곡(戲曲)과 같은

모든 종류의 극작품(劇作品)을 말한다.

영어의 drama는

그리스어(語)의 「행동하다」란 뜻을 지닌

동사 「dran」에서 유래한 말이다.

연극작품에서는

시나 소설과 달리

등장인물들이

실제로 행동하기 때문이다.

모방의 차이점은

수단과 대상, 양식이라는

세 가지 차별성에서 나온다.
그러므로
3장에서 말하는 드라마란
모방의 양식을 설명하는 것이리라.
모방을
스스로 행동하게 하는 양식을
빌어 나타내는 것이
드라마란 얘기다.

드라마에서
행동을 모방하는 자를
옛날에는 코미디언이라 불렀다.
지금처럼
희극인이라는 뜻은 아니다.
당시엔 희극과 비극,
모든 장르의 연극을 하는 사람을 말한다.

아마도
고대 아테네의 행정구역 중 도시(police)와
대비되는 시골마을에 해당하는 것이
'데모스'이고

이것을 'kome'라 불렀다.
이같은
마을도 도시에 종속되어 있기에
때때로
'코모폴리스(komopolice)'라 명명된다.
이런 마을에 사는 사람들을
코미디언이라 한다.

혹,
그리스어의 촌락을 뜻하는
'kome'와 노래를 뜻하는
'Oide'의 합성으로
마을축제(komoide)에서
유래하였다는 설도 있으나,
배우들의
인기가 시들어
도시로부터 추방되어
주변촌락을
순회하는 사람이란 뜻에서
시골에 사는 사람이란 의미에서
코미디언이 되었다는 얘기다.

사실,

과거 도시구조에서

성안에 있으면 도시이고

성 밖은 마을이 된다.

이는 지금처럼

도시의 크기나 기능의 차이에서

비롯되는 구별이라기보다는

신분계급의 차이를 나타낸다.

이런 관점에서 보면,

과거시대의

배우는

성 밖의 낮은 신분임을 알 수 있다.

그러므로

본래의 드라마란

두 개의 이미지가 있다.

하나는

낮은 신분의 사람들이

행동으로 보여 준다는 것이고

또 하나는

노래와 같은

축제의 즐거운 마음이 포함된다는 것이다.

낮은 신분이라는

'한(恨)'과

노래하고 마시면서 느끼는

'즐거움(樂)'의 이미지다.

즉, 희극과 비극이 공존한다.

한편, 광고에서도

드라마적 요소가 등장한다.

인쇄광고와 달리,

방송광고에서는 모방의 양식을

달리하는 것이다.

마치 한 편의 영화나 드라마의

한 장면을 보는 듯한 광고도 있다.

TV CF에서

광고모델이

스스로 행동하는 연기와 같다.

모방행동은

소비자를 더욱더 자극한다.

우리나라에서의

드라마적 광고의 시초는
장국영의 '투유 초콜릿' 광고다.
사랑과 방황을 소재로 한
80년대 중반의 이 광고는
당시 매우 이색적인 광고로 손꼽힌다.
비오는 날의 배경과
마지막 이별편지가
초콜릿 속에 담겨져 전해지는
쓰라린 이별 연기는 압권이다.

인생이란
그 자체가 드라마다.
마케팅관점에서만 보면,
어쩌면 인생은 소비하고
쓰레기 배출만 한다.

소비는
즐거움이고
쓰레기는 슬픔이다.
소비를
최대로 촉진시키는 것은

즐거움의 극치를 의미하지만,
역시 슬픔의 극치도 가져온다.

쇼핑,
그것은 즐거움이지만,
반대로 돈의 지출과 대출은 아픔이다.
서민이 명품을 구매하고
부자의 흉내를 내는 것도
일종의 모방행동이다.
아리스토텔레스가 말한
드라마가 따로
존재하는 건 아니다.
우리 일상생활에
드라마는 시공을
초월하여 언제나 존재할 것이다.

시학의 재조명 5
- 인간의 본성 -

제4장에서는
인간의 본성에 대해
설명하고 있다.

여기서
아리스토텔레스는
인간은
태어나면서부터 모방을 하고
모방에 대한 쾌감을 느끼는
본성을 가졌다고 주장한다.

그 예로
인간이 다른 동물과 다른 점:
"모방을 가장 잘하는 동물이 인간이다."
지식습득은
모방을 통해 이루어진다.

엄마를 따라 하는
아기의 옹알이...
인간은
그렇게 배우며
성장한다.

인간에게
모방이란
쾌감을 준다.
아무리 흉측한 동물을 그렸을지라도
매우 정확하고 세밀하게 그림을 그렸다면,
이를 보고
놀라운 그림솜씨(모방)에
인간은 감탄한다.

모방은
모방의 대상(흉측한 동물 그 자체)보다는
모방의
과정과 솜씨에 대해
더욱 더 감탄한다.

인간의 본성인
모방에 대한 쾌감은
둘로 구분된다.
첫째, 자신이 스스로 모방행위를 하면서
쾌감을 느낀다.
둘째, 남이 모방한 것에 대해
감탄하며 쾌감을 느낀다.

섹스도
일종의 모방이다.
남이 하는 섹스를 보고
쾌감을 느낀다.
그리고 스스로 섹스를 실행하면서도
쾌감을 느낀다.
그러나 만일,
남이 하는 섹스를 본 적도 들은 적도 없다면?
섹스를 과연 못할까?
아니다.
할 수 있다.
왜냐하면, 그건 본능이기 때문이다.

남이 웃으면,
따라 웃는 경우가 많다.
웃음도 일종의 모방이다.
또한, 웃음도 본능이다.

갓난아기는
태어나면서
운다.
누구에게
배운 적도 없는
울음을 터뜨린다.
이것이 본능이다.

상가에서 어른들은
남이 울면 따라 운다.
이것은
인간 내면의 깊숙한 곳으로부터
올라오는
본능적 모방이다.

모방은
본능적으로 하게 마련이다.
보지 않고 듣지 않고도
하게 되는 모방은
본능이다.
반대로
남이 하지 않은 부분을
자기가 처음 하게 되면
이는 창작이다.
새로운 창작도
쉽게 일반적 모방에 흡수된다.

모방의 범위는
자꾸자꾸 넓어지고 깊어진다.
그것을
교육이라
불러도 무방하다.

광고는
본능이다.
인간은

본능적으로
광고하고 싶어 한다.
인간의 광고는
늘 인간의 본능에 소구한다.

임금님 귀가 당나귀 귀와 같다고
이발사는 말하고 싶다.
말하고 싶은 욕망,
그것이 언론이고
광고다.

좋은 것이든 나쁜 것이든
알리지 않고 비밀로 지키는 일은
참으로 어렵다.

세상에 절대적으로
유지되는 비밀은 없다.

시학의 재조명 6

- 쾌감 -

제4장에서는
이런 대목이 나온다.
"전에 본 일이 없을 때,
기교나 색채에 의하여 쾌감을 느낀다."

이 얘기를 풀어쓰면,
"사람은 그림을 보고 즐거움을 느낀다."라는
말과 연관시키고 싶다.

화가가 그린 그림을 본 사람들은
전에 그런 사물을 본 적도 없거나
만일 본적이 있고
이미 알고 있는 사물이라면,
그런 방법으로
그린 것을 처음 보았을 때,
기쁨을 느낀다.

원서에서 표현한

'쾌감'이란 단어는

아마도 관람자의

느낌, 즐거움, 기쁨을 말하는 것이리라.

아리스토텔레스는 시학에서

"배운다는 것은 최상의 즐거움"이라 했다.

어디서 많이

들어 본 말씀이다.

공자가

논어에서

말하기를

"배우고(學) 늘 익히면(習) 기쁘지 않은가? "

(子曰 : "學而時習之, 不亦說乎?")

아리스토텔레스는

BC384~BC322 시대의

사람이다.

공자는

BC551~BC479 시대의
사람이다.
아마도 아리스토텔레스는
공자가 한 말을
어찌어찌
전해들은 모양이다.

아무튼 아리스토텔레스는
그림을 처음 보는 것, 또한
배우는 것이라 했다.
남이 춤추는
율동을 보는 것도
남이 읊어대는
운율을 듣는 것도
일종의 배움이다.

그림을 그리는 것
춤을 추는 것
운율을 맞추는 것
음의 하모니(화성: 和聲)를 이루는 것...
모두 인간의 본성이다.

그러나 사람들이
그런 본성 수준을 보고 듣고
즐거움을 느끼지는 않는다.
자기와는 다른
좀 더 개량된 수준을 보아야
비로소 기쁨을 느낀다.

이런 개량은
축적된다.
배움을 통해서...
이런 개량은 전수된다.
대대로 후손까지 이어진다.
배움을 통해서...

그러면,
이런 개량은 어디서 나올까?
개량이 나올 때,
그 과정에서
개발, 창조, 창작, 발명이란
단어가 사용된다.
개량은 어떻게 나온다고 생각합니까?

아마도 즉흥에서 나오지 않을까?

아마도 고뇌에서 나오지 않을까?

아마도 무엇을 찾고 추구하는 노력에서 나오지 않을까?

시학의 말씀을 광고에 응용해 보자.

광고는 느낌을 주어야 한다.

광고는 즐거움을 주어야 한다.

광고는 기쁨을 주어야 한다.

그러기 위해선

인간의 본능에 기반을 두고

독창성과 학습성이

가미되어야 한다.

화장품 중에

SK-II라는 것이 있다.

여기서 SK란

Secret Key를 의미한다.

비밀의 열쇠?

일본 술인

사케를 만드는 장인(匠人)이

머리가 백발이고

얼굴이 쭈글쭈글한 노인이라면

여러분은 그 노인의 손이

어떨 거라 상상하는가?

당연히 얼굴처럼

주름이 자글자글한 볼품없는 손으로

예상할 것이다.

그런데,

그 손은 너무도 탱탱하고 보드라운

20대의 젊은 사람 손이라면

너무도 놀랄 것이다.

여기서 그 이유,

비밀의 열쇠를 찾아야 한다.

사케라는

술을 빚기 위해

그 노인의 손은

수십 년을

술의 효모를 만지고 주무르고 했다.

술의 효모가
피부를 부드럽고
젊게 만드는
비밀의 열쇠라고 한다면,
그 장인의 손은
효모 덕택에 세월의 흐름을
이겨낸 것이다.

비밀의 열쇠를 찾은 사람은
과연 무엇을 하고 싶을까?

술의 효모를
얼굴에도 바르고 싶다.
술의 효모를
화장품에 개량해 사용하고 싶다.
술의 효모를
사용한 화장품이 사람들의 얼굴을
예뻐지게 만들고 있다.
사람들은
예뻐진 얼굴에 만족한다.
기쁨을 느낀다.

화장품은
이런 식으로
계속해서 개량되고
진화할 것이다.

인간도 계속해서
즐거워할 것이다.
인간의 창작은
신의 창조와는 차원이 다른 것이다.
무에서 유를 얻는
큰 창작도 있겠지만,
작은 창작도 있다.

작은 창작이란
설악산 입구의
돌무덤처럼
남이 쌓은 수천 개의 돌 위에
내가 돌 하나를
얹어 놓는
그런 작업이다.

독창성이란
남과는 다른 터치와 색채를
남보다 하나 더 많은 양을
남과 다른 시대와 공간을
사용한다면...

모방과 창작의 경계?
인간의 풀리지 않는 문제,
영원한 수수께끼가 될 것이다.

시학의 재조명 7
- 스토리와 플롯 -

제5장에서는
드디어
스토리와 플롯이 나온다.

스토리는
병렬이다.
플롯은
직렬이다.

스토리는
삽화적이다.
플롯은
집중적이다.

스토리는
팩트다.

플롯은
인과관계다.

스토리는
'그리고'로 연결된다.
플롯은 '왜냐하면'으로 연결된다.

스토리는
친구관계다.
플롯은
연인관계다.

스토리는
사건의 서열을 바꾸어도 문제없다.
플롯은
사건의 서열관계를 함부로 바꿀 수가 없다.

스토리는 시간의 흐름에 따라 사건을 정리한 것이다.
플롯은 작가의 관점으로 사건을 재배치한 것이다.

아리스토텔레스의 시학 원문에는
"플롯을 구성하는 것은
시켈리아에서 유래한 것"이라 적혀 있다.

아리스토텔레스는
플롯의 기원을
위와 같이 이야기하면서
이런 말도 했다.
"보편적인 스토리를 플롯이다"라고.

보편적이라는
사전적 의미는
"두루 널리 미치는",
"모든 것이 공통되고 들어맞는"...
즉, 많은 사람이 공감하는
스토리 재배치가
바로 플롯이라는 해석이 가능하다.

요즘 사람들은
스토리보다 플롯이
더 흥미롭다고들 한다.

E.M 포스터는

'Aspects of the Novel' 〈소설의 양상, 1927〉에서

"왕이 죽고, 왕비가 죽었다.

이것은 스토리고

왕이 죽자, 왕비는 슬픔에 빠져 따라 죽었다.

이것은 플롯이다"라고

말했다.

이런 비유를 하고 싶다.

미국 드라마 중

매드맨[2]을

시즌2의 10회분부터

보더라도 매우 재미있다.

이건

스토리 중심이라

말할 수 있다.

---

2) AMC에서 2007년 7월 19일부터 계속 방영중인 미국 드라마.

중국 드라마 중
삼국지[3]를
중간 회부터 본다면
아주 재미없다.
처음 회 부터 본다면
매우 재미있다.
이러면
이건 플롯 중심적이라 말할 수 있다.

살다보면,
호미가
필요할 때가 있고
가래가
필요할 때가 있다.

남을 설득할 땐,
스토리가
필요할 때도 있고
플롯이
필요할 때도 있다.

---

3) 위, 촉, 오 삼국의 이야기를 나관중이 쓴 소설을 드라마화한 것.

스토리는
본능, 본질, 바탕에 가깝고
플롯은
개량, 터치, 재배치, 구성에 가깝다.

흰 옷과
색동 옷 중
어느 것이 더 낫다고 말할 수 없듯이

스토리와 플롯을
단순 비교하기는 어렵다.

스토리와 플롯은
공존이며
선택이다.

스토리텔링이라는 말은
스토리와 텔링의 합성어다.
스토리는 스토리고
텔링은 플롯이다.

TV 광고에서 드라마 기법을 사용한

'드라마 광고(Dramatized Advertising)'는

드라마와 같이

플롯, 인물, 연기의 구성요소를 갖고 있다.

시작, 전환점, 해결의 시간적 흐름을 통해

갈등의 상승과 하강을 인과적 구성으로 엮어

드라마처럼 보여 주고 있다.

시학의 재조명 8

- 비극 1 -

제6장의 내용은
비교적 풍성하다.
전체적으로
비극에 대한 아웃라인이다.

비극의 본질에
대한 정의가 나오고
배우의 연기에
대한 설명도 있다.
그런가 하면,
5장에 이어
플롯에 대한 얘기도
이어진다.
그러다 갑자기
드라마의 요소가 나온다.

아리스토텔레스는

비극의 묘미는

"급전과 발견"이라 했다.

비극도

드라마의 6요소인

장경, 성격, 플롯, 조사, 노래, 사상을

갖고 있다고 한다.

조사와 노래는

모방의 수단에 해당하고

장경은

모방의 양식에 속하고,

플롯, 성격, 사상은

모방의 대상이라 말할 수 있다.

여기서 장경이라는

말이 매우 생소하다.

한자로는 場景이라 쓴다.

영어로는 spectacle이다.

배우의 분장, 의상과 무대상의 장면, 광경이 포함된

시각적 요소라 해석된다.

또한,

조사는

영어로 diction이라 한다.

오늘날엔

성악에 사용되는 시를

노래하는 방법으로 많이 쓰인다.

일반적으로

대사를 정확하게 전달하는 배우를

딕션이 좋다고 한다.

또 가사 전달이

훌륭한 가수를

딕션이 좋다고 한다.

흔히 발음이 좋다는 표현에도 쓰지만,

딕션은

발음을 포함한,

발음보다는 더 넓은 개념이다.

딕션은

음성과 언어라는

인간의 소리를 통한

정보전달 능력을 말한다.

노래는

멜로디와 리듬이다.

한자로는 曲이다.

그러나

곡을 영어로 번역하면

멜로디만 나온다.

멜로디로만

번역된 곳도 많다.

이보다는

멜로디와 리듬을

모두 포함한 개념이 맞다.

본래 노래란

가곡, 가사, 시조 따위의 운율이 있는 언어로

사상과 감정을 표현하는

모든 예술작품을 뜻하기도 한다.

아리스토텔레스가

쉽게 표현했다면,

조사는 가사이고

노래는 곡이다.

왜냐하면,

그는 "조사를 운문의 작성"이라 했다.

만일

그가 어렵게 표현했다면,

조사는

언어적 내용에다

언어적 소통 능력, 표현능력을 더한 것이고

노래란

멜로디, 리듬, 모두를 포함한 내용일 것이다.

왜냐하면,

아리스토텔레스는

"조사란 언어로 사상을 표현"하는 것이라 했기 때문이다.

시학의 묘미는

일종의 철학적 요소를 발견하는 것이다.

6장에서 비극을

주로 얘기하지만,

중요한 메시지를 읽을 수 있다.

아리스토텔레스는

"인간의 성질은 성격에 의해 결정되지만,
행복과 불행은 행동에 의해 결정되어진다."고 했다.
또한, 그는
"성격 없는 비극은 있어도
행동 없는 비극은 없다"고 했다.

광고에서 사용되는
AIDMA 법칙을 따져 보자.

아이드마란
눈에 띄게 해 주의를 집중시키고(attention),
소비자의 관심과 흥미를 불러 일으키고(interest),
소비자의 욕구에 호소하고(desire),
반복적으로 제시하여 기억시키며(memory),
설득되어 구매하도록 행동하는(action) 것이다.

주의, 흥미, 호소, 기억 없는 구매는 있어도
행동 없는 구매는 불가능하다.

꿩 잡는 게 매라는 속담과
등소평의 흑묘백묘론이

생각난다.

실수와 비극은
우리에게 늘 따라다닌다.
그러나
이를 극복하고 마지막에 올바로
행동하는 자,
그만이 승리하고
성공할 수 있다.

과거는 잊어버리자.
실수 모두 잊어버리자.
여러분은
아직 실패자가 아니다.

실패냐 성공이냐는
여러분이 눈감을 때나,
판가름 나는
일생의 시험 점수다.

삶, 그 자체가 연극이다.

아니 비극이다.

반전시키고 반전시켜라.

즉, 행동하라.

그리고

소중한 자기 자신을

발견하라는

아리스토텔레스의 말씀이 들리는 것 같다.

홍수환의 4전 5기

속담의 7전 8기

비극의 숫자보다

도전하는 행동의 숫자가

더 커야 한다.

New Start

새 출발

그것이 인생이다.

시학의 재조명 9

- 비극 2 -

6장 얘기를 더 해보자.

비극의 6요소,

즉 드라마의 6요소가

장경, 성격, 플롯, 조사, 노래, 사상이라는

설명을 앞에서 했다.

그러면,

위에 언급한 6요소 중

가장 중요한 것이 무엇일까?

아리스토텔레스는

플롯이 으뜸이라고 했다.

비극은

인간을 모방하지 않는다.

비극은

인간의 행동, 생활, 행복, 불행을 모방한다.

비극의 목적은 무엇인가?
사건의 결합,
즉 플롯이다.
그래서 6요소 중에
플롯이
가장 중요하다는 얘기다.

비극의 제1 원리는
플롯이다.
비극의 생명과 영혼은
플롯이다.
성격은 제2 원리일 뿐이다.
왜냐하면,
성격을 색과 깔에 비유한다면,
아무리 많은 색을 사용한
총천연색 포르노 영화라 해도
단 2가지 색을 사용한
흑백의 명화보다 못하기 때문이다.

비극의 제3 원리는
사상이다.
사상은
정치학과 수사학의 내용과 유사하다.
사상은
논박과 명제, 증명의 프레임이 보인다.
성격은
의도를 분명하게 보여 주는 것이므로
사상과는 그 개념이 다르다.

예술성이 가장 낮은 부분이
장경이다.
무대 미술이나 조명,
배우 얼굴의 분장,
배우의 의상,
소품...
이런 것은
효과일 뿐이지,
본질은 아니다.

그러나
요즘엔 장경이
매우 중요하다.
스펙터클이 바로 그것이다.
의상, 배경, 배우,
이 모든 것들이 장경이다.
시각적인 요소의
모든 것을 말한다.
프랑스어로
'미장센'(mise-en-scene)이라 한다.
성격, 플롯, 조사, 노래, 사상을 뺀
나머지 모든 것을
미장센이라고 말할 수 있다.

노래는
비명과 같다.
노래는
신음소리다.
노래는
쾌감을 소리치는 탄성이다.
노래는

비극의 쾌감을 상승시키고
생성케 하는 "양념"이다.

비극에서의
노래란
광고에서 배경음악을
사용하는 이치와 같다.

TV 광고의 배경음악은
특정한 줄거리의 분위기를
강조하거나
감정을
고조시키기 위해
주로 사용된다.
TV 광고의 배경음악의 역할은
광고 메시지의 내용과 조화를
이루는 것이다.
그러므로 내용과
연관성이 있는 것을 선곡한다.
TV 광고의 배경음악은
제품이나 서비스에 관한

이미지의 내용을

상징적으로 들려주는 효과도 있다.

시학의 재조명 10

- 플롯 1 -

제7장에서는 플롯의 구성방법에 대해 설명하고 있다.

이야기(스토리)는

각각의 크기가 있다.

짧은 이야기도 있고

긴 이야기도 있다.

장황해서 지루한 이야기도 있다.

크기란?

이야기 분량을 말한다.

시간의 단위가 개입한다.

이야기 분량 전부를 전체라 하면,

그 전체에는 반드시 시작과 끝이 있다.

그리고 중간 부분이 존재한다.

전체가 나뉜다.

그것을 부분이라 한다.

시작 부분, 중간 부분, 끝 부분.

여러분이

도시 가스요금이 비싸다는

문제의식을 갖고

거리로

취재를 나간다고 해보자.

일단 여러 사람들의

이야기를

영상에 담는다.

그리고

사무실로

돌아와

촬영한 동영상들을 계속 훑어본다.

그다음

해야 할 작업은 무엇일까?

편집이다.
편집도 일종의
플롯의 구성방법일 수가 있다.

"플롯을 훌륭하게 구성하려면
아무 데서 시작하거나
끝내면 안 된다"라고 아리스토텔레스는 말했다.

시작은 반드시 그 전에 다른
어떠한 것도 나올 수 없어야 한다.

종말은 필연적으로 그 뒤에 아무것도,
어떤 것도 남아 있지 않아야 한다.

그러므로 시작과 끝은 누가 보더라도
명백해야 한다.
또한, 필연적이어야 한다.

처음과 나중(끝)을 강조하는 대목이다.
처음과 끝이 가장 중요하다.
논문에서도

서론과 결론이 가장 중요하듯이...

그러나 중간은 응용성이 강하다.
만드는 사람마다
중간 부분들 간(間)의 위치는
서로 다를 수가 있다.

전체는 늘 부분을 가진다.
이야기는 부분으로 나눌 수 있다.
그 부분은 위치하는 순서를 나름대로 갖고 있다.
부분은 자기에 알맞은 위치가 분명히 있다.

그렇다고 퍼즐처럼
모든 사람이
조각(부분)의 위치를 똑같이 놓아야 하는 것은 아니다.
조금씩 다를 수 있다.
퍼즐과 달리
몇 조각은 버릴 수도 있다.
그래도 그림은 된다.
그래서 더 무궁무진하다.

어느 부분은
시작이 될 수도
끝이 될 수도
중간이 될 수도 있다.
보는 사람의 주관에 따라,
만드는 사람의 주관에 따라,
나름대로의 순서의 격을 갖고 있다.

부분을 정위치 시켜(positioning)
우선순위로
제각기
쭉 나열할 수 있다.
우린 이것을 배열이라 부른다.

작가적 정신에 의해
부분의 배열이 생기게 되며,
이야기의 일정 부분들이
배열의 형태로

다시 모여,
새로운 전체를 탄생케 한다.

부분의 배열은 매우 중요하다.

부분의 배열은 일정한 질서를 가져야 한다.

부분의 배열은 일정한 크기를 가지고 있어야 한다.

황금비율이란

부분배열의 크기와 질서의 조화를 이루는 비율을 말한다.

크기와 질서가 아름다움을

좌지우지한다는 것을 의미한다.

아리스토텔레스는

이 같은 크기와 질서를 말하면서

"기억할 수 있는 정도"라는 표현을 사용했다.

『마케팅』에서의 『기억』이 갖는 의미와 유사하다.

기억(記憶)이란

이전의 인상이나 경험을 의식 속에 간직하거나

도로 생각해 내는 것을 말한다.

기억(記憶)은 지속되는 시간에 따라

감각기억, 단기기억, 장기기억의 세 유형으로 구분한다.

기억(記憶)은 부호화, 저장, 인출의 과정을 거치게 된다.

기억(記憶)은 소비자의 행동이다.

"언제 말해주어야 더 잘 기억할까?"에 해당하는 문제가
순차위치곡선이다.

처음효과란 목록 중에
첫 부분을 잘 기억하는 특성으로
리허설의 기회가 많이 주어지기 때문에 발생한다.

나중효과란 목록 중에
뒷부분을 잘 기억하는 특성으로
임시저장할 장치가 마련되기 때문에 발생한다.

광고제작 시
위에 언급한 소비자의 기억체계를 응용하여
기억에 잘 남고 쉽게 인출되는
광고에 중점을 두어야 한다.

순서효과 측면에서
처음효과와 나중효과가 있으므로
광고의 순서와 위치에 이를 응용할 필요가 있다.
특히 광고란
소비자에게 여러 개의 메시지를 주는 것보다

한 가지 강한 메시지를 주어
기억을 장기화하는 데 집중하여야 한다.

다시 시학으로 되돌아오자.

쉽게 기억시키려면
어떻게 해야 하나?

부분의 크기가
즉, 이야기 부분의 길이가 적당해야 한다는 것이다.
어느 부분은 매우 짧고
어떤 부분은 매우 길다면,
적당한 게 아니다.
일정한 길이를 유지하는 게 중요하다.
요약해서 말하면,

시간제약의 문제가 발생한다.

배열도 마찬가지다.
부분과 부분의 연결이 매끄러워야 한다.
시간적 연결보다는

기억의 연결이 더 중요하다.
부분의 선후가 바뀌면
흥미만 달라지는 것이 아니라,
결과가 확 달라질 수도 있다.

결국 플롯 구성 방법의 열쇠는
기억에 있다.

재밌고
무섭고
감동적인 장면을
까놓고 보면,
역시 우리가 쉽게 기억하도록
작가가 플롯을 짜놓은 것이리라.

플롯은
전체를 쉽게
통관(通觀)할 수 있게 만드는 마법이다.

앞뒤의 조리가 딱 맞아 떨어져서
한번 듣기만 해도

전체가

쉽게 파악되고

잘 기억되는

그런 것....

그것이 바로 아리스토텔레스가 말한

"훌륭하게 구성된 플롯"이라 생각한다.

시학의 재조명 11
- 플롯 2 -

제8장에서는 플롯의 통일에 관한 내용이 나온다.

헤라클레스 이야기를 담은 고대 작품과
호머의 오디세이를 비교하고 있다.
전자는 통일성이 없고
후자는 통일성이 있다고 말한다.

그리스 신화에서
가장 힘이 세고 또 가장 유명한 영웅인
헤라클레스는
여러 작가의 손에 의해 그의 일생이 묘사되고 있다.
그러나 헤라클레스 전(傳)류의 작품에서
그의 일생을 전부 다루다 보니,
플롯의 통일성이 결여되고 있다.

반면,

고대 그리스의 시인 호머(Homer)가

기원전 약 700년경에 쓴 '오디세이(Odyssey)'는

주인공에게 일어난 모든 사건을 다루지는 않았다.

지혜로 이름이 높은 이타카의 왕 오디세우스(Odysseus)가

주인공인 이 작품은

플롯의 통일성이 있다고

아리스토텔레스는 말하고 있다.

오디세이가 통일성이 있다고 말한 근거는

주인공 오디세우스가

출전소집을 받았을 때,

미친 척하면서,

전쟁을 회피하고자 했던

그의 나약하고 간교한 행동에 관한 이야기를

오디세이에서는 취급하지 않고 있다는 것이다.

여기서

중요한 점은

오디세이의 주제가 모험이라는 사실이다.

그리스 신화에서 잘 알려진

트로이 전쟁의 영웅인

오디세우스의

10년간에 걸친 모험과 귀향을 이야기하는 것이

바로 오디세이다.

이 작품은 서양 문학사에서

모험담의 원형으로까지 인정받고 있다.

영웅의 모험담을 쓰면서,

치사하게

병역회피를 위해

"소와 나귀를 함께 쟁기에 매어 밭을 간다든지

씨앗 대신에 소금을 밭에 뿌린다든지"

하는 광(狂)적인 행동을

오디세우스가

가장하였다는 사실은

영웅적인 행동과는 거리가 먼 얘기다.

모험이라는 개념과

전쟁출전 회피와는

필연적 혹은

개연적

인과관계가

성립하지 않기 때문이다.

그림이

주변 환경 모든 것을 담을 수는 없는 일이다.

화가는

풍경 중

일정 부분만을 담아 그릴 수밖에 없는 이치와

플롯의 이치는 같다.

스토리는 인간의 모방이 아니다.

스토리는 인생 모두 일생, 전(全)생을 모방하는 게 아니다.

스토리는 인간의 행동을 모방한다.

그것도 전체적인 행동을 모방하는 것이 아니다.

하나의 주된 행동을 바탕으로

구성되어야 한다.

이같은 주된 행동과

일치하지 않고

상반된 행동들은

가급적
언급하지 말아야 한다.
이것이 플롯의 통일성이다.

광고에 있어
스토리텔링이란
사실을 이야기하는 것보다는
이야기의 통일성이
더 중요하다.

광고는
어떤 사건
어떤 소재를 중심으로
이야기를 만들어야 한다.

물론 중심되는 사건과
그 외의 많은 다른 사건들의
연계가 매우 어려워진다.

이럴 땐,
원인이 되는 사건과

결과가 되는 사건을
찾아야 한다.
아니면, 유사 사건에서 만들어야 한다.
이것이 광고인의 상상력이다.
제품이나 서비스에
의미를 부여하는 일,
그것이야말로 진정한
광고 플롯의 통일성이다.

무릇
인생이란 한 우물을 파야 한다.
신체 모든 부위를 정밀검사해야만
진단할 수 있는 의사는 진정한 의사가 아니다.

선택과 집중
그것이 진정한 작가의 몫이다.
중심되는 사건의 선택이야말로
진정한 예술성이다.

시학의 재조명 12
- 이야기 1 -

제9장에서는 실제 이야기와 가상의 이야기에 관한
설명이 있다.

비교 대상으로
시와
역사를 얘기한다.

시는 보편적이고
역사는 개별적이라고도 한다.

시는 실제 이야기를 하기보다는
가상의 이야기를 하는 것이다.

물론 가상이라는 말 속에는
가능성이라는 단어가 내포되어 있다.
그럴법한 개연성과

인과관계가 있는 필연성이
가능성을 뒷받침해 준다.

신문기자는
사실을 기술한다.
작가는
사실만을 기록하진
않는다.
작가는
있을법한
우리들의 이야기를
만들어 낸다.

흥미로운 것은
9장에서
naming(이름 붙이기: 작명)에 대한 이야기가
나온다.

희극은
플롯이 구성된 후에
거기에 맞는

이름이 등장인물에게
붙여진다는 것이다.

반면,
비극은
기존 인명(人名)에 집착한다는 것이다.

기존 이름을 사용한다는 것은
가능성을 높여준다.

우리는 일어나지 않은 것에 대한 가능성은
잘 믿지 않는다.
그러나
이미 일어났던 일은
또다시 발생할 가능성이
있는 사건이라 믿는다.
역사는 반복하지 않는가?

그러나
비극에서도
시간이 흐를수록

가상의
신생
이름이 많아진다.

네이밍은
그 자체가 설득력이고
믿음을 주는
양념이다.

네이밍은
커뮤니케이션의
교량과도 같다.

플롯은
항상 필연적이어야 한다.
필연적 인과관계가
없는 플롯을
삽화적 플롯이라 한다.

요즘 드라마를 보면...

걸핏하면,

우연을 가장하여

교통사고를 야기하고

주인공을 기억상실자로 만든다.

이런 게 삽화적 플롯이다.

일종의 끼워 맞추기다.

배우가 작가에게 대들면

그 배우를

장기 해외 출장 보내는 scene으로 처리한다.

작가는 맘에 들지 않는 배우에게

일종의

출연료 중단 위협을 가하는 것이다.

삽화적인 플롯은

최악이다.

졸렬한 작가일수록

삽화적 행동이 많아진다.

우리는 그것을 막장 드라마라 부른다.

사실 우리 주변에 기억상실자나

출생의 비밀을 가지고 사는 사람이

그다지 많지 않기에

막장 드라마 작가의 얘기는
큰 공감을 줄 수 없다.

우연도
인과관계 속에 놓여야만
놀라운 사건이 된다.

광고도 마찬가지다.
개인의 실제 이야기를 늘어놓고
제품을 써보니 좋다는 식의 얘기는
별로다.

개별적인 것보다는
보편적인 것이 훌륭한 광고다.
다수의 공감을 끌어내는
만능키인
그 열쇠를 찾는 작업이
진정한 광고 작업이다.

광고는
개인을 바라보고 하는 것이 아니라

비개인적인 대중

다수에게

호소하는 것이다.

시학의 재조명 13
- 이야기 2 -

10장 이야기를 해보자.
10장은 매우 짧다.
딱 1문단이다.
10장의 주제는 단순과 복잡이다.

플롯에는
단순한 플롯도 있고
복잡한 플롯도 있다.

인간의 행동에도
단순한 행동이 있고
복잡한 행동이 있듯이...

주인공의 운명은 평탄할 수 있다.
주인공의 운명은 파란만장할 수 있다.

작품속의 주인공은

그 행동이

연속성과 통일성을 지녀야 한다.

여기서 연속성은

한 사건이 다른 사건으로 인하여 일어나는 사건을

의미한다. (종속사건)

한 사건이 다른 사건에 이어서 일어나는 사건을

의미하지 않는다. (독립사건)

연속성과 통일성의

전제 아래,

주인공의 운명은

급전과 발견이

있느냐

없느냐에 따라

단순과 복잡으로 나뉜다.

광고에서도

연속성과 통일성만 있는

단순한 광고도 있고

급전과 발견이 들어있는

복잡한 광고도 있다.

리바이스 청바지 광고에서

돈 가방을 들고

치마 입은 여자가

여자 화장실이 잠긴 탓에

남자 화장실로 들어간다.

화장실 안의 웬 남자를 보고 놀란다.

그러나 다급한 나머지

"에라 모르겠다."

탈의하고

청바지로 갈아입는 과정에서

맹인 지팡이를 들고 있는 선글라스 남자를 보고

안심을 한다.

왜냐하면, 그가 보지 못하기 때문이다.

안심의 도가 너무 지나쳐,

그 앞에서 요염하게 청바지 단추를 잠근다.

"넌 못 보니, 난 창피할 것이 없어!" 하듯이...

그녀가 나간 뒤,

진짜 시각장애인이 대변부스에서 나오고

그녀가 맹인으로 착각했던 그 남자는

진짜 시각장애인에게 흰 지팡이를 건네주며
자신은 정상인이며, 시각장애인을 도와주는 사람임을
시청자에게 보여준다.
결국 그 여자는 여성의 부끄러운 모습을
청바지와 함께
모르는 남자에게 일부러 보여준 셈이다.
그러나 진짜 시각장애인이 나오기도 전에
황급히 달아난 그 여자는 평생 이같은 사실을 모르고
살 것이다.

급전과 발견이 있기에 매우 복잡한 광고다.
그래서 나름 재밌다.
아찔하고
짜릿하면서도
착각과 오해의 상황 속에서
리바이스 청바지 앞 단추 속에 보인
여성 속옷 일부의
하얀 장면은
소비자로 하여금
청바지를 더욱 기억나게 만들고 있다.

시학의 재조명 14

- 급전과 발견 -

제11장에서는 주로 급전과 발견에 관한 이야기가
다루어진다.

급전이란
요즘 말로 반전을 뜻한다.
사건을 예상 밖의 방향으로 급하게 진전시켜서
보는 이에게 강한 충격과 함께
말하고자 하는 취지를 효과적으로 전달하는 방법이다.

급전을
반전이라 부르는 이유는
사태가 반대방향으로
변화하는 것을 의미하기 때문이다.

그러나
급전이

생뚱맞은 이야기를 말하는 것은 아니다.

전체맥락에서 보면,

그럴 수밖에 없는 꼭 필요한 이야기인 것이다.

"개연적 또는 필연적

인과관계 속에서

급전은 이루어진다"고

아리스토텔레스는 말하고 있다.

'오이디푸스'에서

사자(使者)는 오이디푸스를 기쁘게 해주고

그가 어머니와 결혼하게 되는

즉, 패륜아가 되는 끔찍한 공포감에서 해방시켜주려

하지만,

도리어

모든 진상이 밝히어져

오이디푸스는 맹인이 되고

그의 어머니이자 아내인

이오카스테는 목매어

자살한다.

이것이 아리스토텔레스가 말한 급전이다.

한편,
발견이란
무지의 상태에서 깨달음의 상태에 이르게 하는
변화를 말한다.

2013년 드라마 '내 딸 서영이'에서
서영이가
아버지와 동생의 존재를 숨기고
결혼해 살다가
아버지와 동생의 존재가
시집 가족 모두에게
알려지는 순간,
엄청난 극의 효과가 나타나고
시청자들을 집중하게 만든다.

발견의 결과는
우호관계로의 전환 내지는
적대관계로의 전환으로 나타난다.

어쩌면
오이디푸스에서는

급전과 발견이 동시에 일어났다고 볼 수 있다.

사자의 행동이
본래 취지와는 다르게 엉뚱한 결과를 낳았다는 점은
급전이다.
그리고
모르던 사실,
즉 자기 아내가 자기 엄마라는 사실을
알게 된 점은 발견이라는 것이다.

훌륭한 극은
인과관계 속에서
급전과 발견을 동시에 사용하는 것이다.

급전과 발견으로 인한
커뮤니케이션의 결과는
연민과 공포의 감정이다.

발견은 상호 간의 작용이다.
한쪽은 알고
상대는 모른다?

이건 완전한 발견이 아니다.

주위 모든 사람이 다 알게 된 사실을

주인공이 결국 알게 되는

마지막 그 순간이

진정한 발견이다.

플롯의 제3부분인 파토스[4]에 대한 언급도

11장에서 찾아볼 수 있다.

파토스란

본래 수동적 상태를 말한다.

아리스토텔레스는 고통을 초래하는 행동이라 했다.

어쩌면

관중의 심리상태다.

남이 말할 때

그것을 듣는 사람의 심리상태가

기쁠 때와

슬플 때의

수용태도가 각각 다르게 반응한다.

---

4) pathos(그리스어), 인간 감정 가운데 비통한 모습을 의미함.

파토스는
그때그때
수용자의
마음이 변하는 상태를 말한다.

사랑하는 사람과
이별했을 때,
평상시에는
별생각 없이 듣던 노래가사가
매우 슬프게 들리고 마음에 와 닿는 경우를 경험했다면
그것이 바로
파토스다.

파토스는
인간이 가진 감정의 균형을 나타내는 경계선이 있다면,
이 선을 넘어선 상태를 말한다.
감정의 균형이 무너진
무질서, 카오스의 상태.

만일
무대 위에서,

주인공이 죽었다,
주인공이 고통을 받는다,
주인공이 부상을 당했다,
고 하면,
그 행동을 보는 관객도 고통을 느끼게 된다.

공교롭게도
며칠 전 비슷한 상황에서
가족을 잃은 관객이라면
그 장면을 보고
꺼이꺼이 울 것이다.

관객의 마음이 받는 상태에
따라
관객의 고통을 초래하는
배우들의 행동은
크게 느낄 수도
작게 느낄 수도 있으리라.

사람들은 하루에도 열두 번
좋았다

슬펐다 한다.

그렇다고
이걸 조울증이라 하진 않는다.
일시적인 감정 변화일 뿐이다.
물론 심각하게 지속되면
병이 될 수도 있겠지만
대부분의 사람들은
마음의 평정심을 잃는 상태가
그리
오래가진 않는다.

같은 영화라 할지라도
집에서 TV로 보는 것과
영화관에서 스크린을 통해 보는 것과는
감동의 차이가 크다.

관객이 느끼는 고통의 크기나 정도는
관객의 마음상태,
배우의 연기력,
그리고 전달 매체에 따라

달라질 수 있다.

아래 서술한 것들을
파토스라
하지 않을까?

일시적으로
격한 감정에 이르게 한
원인 행위...
매우 이성적이지 못한 순간들...
주체하지 못하는 감정들...

그러나
그것은 나의 감정일 뿐이지
실제로 내가 하지 않은 행동이다.
남이 한 행동으로만 끝날 때,
예술은 나의 대리만족이고 대리고통이다.
나의 태도는 수동적이고 소극적이라
말할 수 있다.

파토스는

일시적인 나의 감정일 뿐이지

나의 진정한 고통이나 파괴, 격한 행동의

문밖에 서 있다.

파토스는 비이성적인 감정이지만

어쩌면 그 감정을 나의 행동으로 옮기지 않고

배우나 예술가와 같은

다른 사람들의 행동 속에서

찾아가는

퍼즐 맞추기와 같다.

홍상수 감독의 영화 '북촌방향'에서

성준(유준상)은 지방대 교수이며 전직 영화감독이다.

서울의 북촌은

이제는

그에게 낯선 여행지일 뿐이다.

객지의 여행자가 늘 그렇듯이

그는 욕구를 추구하기도 하며 탈출하기도 한다.

과거의 향수도

옛사랑의 짜릿한 순간도

결국은 그곳을 도망쳐 나와야 할

고통의 무대일 뿐이다.
시간이 멈추어진 장소를
찾아
일상의 무료함을 극복하려 하지만,
인간은
그곳이야말로
지독한
파토스적 장소임을 깨닫게 된다.

제18대 대통령 선거에서
모 후보의 광고는
다분히 파토스적 설득을 시도했다.
테러로 발생한 얼굴 흉터의 클로즈업을 보면서
시청자들은 짠한 마음을 갖게 되고
후보자에 대해
동정의 따뜻한 눈초리를 보내게 된다.

시학의 재조명 15

- 비극의 양적 구분 -

제12장은 후세들에게 매우 비판받는 장이다.

앞의 장(章)들과 연결이 잘 안 되기 때문이다.

실제로 12장은 11장과

연속해서

읽다 보면,

이야기가 잘 이어지지 않는다.

6장에서 비극의 본질과 질적 구성요소를 언급한 이래로

7장부터는 주로

플롯에 관한 이야기를 하다가

갑자기

12장에서

비극의 양적 구분을 이야기 한다(?)

요즘 논문 구성으로 보면,

12장은

6장 다음에 나와야
구색이 맞다.

질적 구성 다음에
양적 구성이 나오고
그다음에
플롯이 나오면
합당하다.

하여튼
12장의 내용들을 살펴보자.
아리스토텔레스가 말하는
비극의 물리적 구분은
도입부(프롤로그), 합창(코러스), 삽화(에피소드),
퇴장(엑서더스)이다.

비극의 시작은 프롤로그(Prologue)다.
앞으로 전개될 극의 상황에 대한 개요를 알려 준다.
서사(序詞) 또는 서막(序幕)·서시(序詩)라 하며
에필로그와는 상대어라 볼 수 있다.

상조회사나 보험광고의 대부분은
연예인의 독백이나 대화로 시작된다.
이런 게 프롤로그다.

프롤로그 다음에는 등장가(登場歌: Parodos)가 있다.
코러스의 일종이다.

소녀시대와 같은
걸 그룹이 모델로 나오는
TV광고는 대부분
합창으로 시작한다.
그리고 제품에 대한 이야기가 나온다.

현대극에서도
무대나
TV 화면에서
프롤로그 다음에,
요란하게
등장하는 유희가 있다.
분위기를 띄우기 위해서다.

여러 명이 합창하면서
나타난다.
이렇게
등장할 때 부르는 코러스를
등장가라 한다.
물론 코러스와 함께
춤도 출 수 있다.

삽화는
코러스 노래와 노래 사이에
삽입된다.
에피소드라고도 불린다.

사전적 의미로는 어떤 이야기나
사건의 줄거리 사이에 끼어든
토막 난 이야기를 뜻한다.
주제와 별 관계없이
삽입되어 있는 이야기를 말하기도 한다.
요즘 말로 일화(逸話).

여기서
짚고 넘어가야 할 부분이 있다.
오늘날의 드라마에서는
배우의 대사가 중요하다.
그러나
그리스시대의 비극에서는
대사가 그리 중요치 않았다.
그보다는
코러스가 더 중요했다.

마치, 2013년 새해벽두를 달군 영화인
'레미제라블'처럼
노래로
주된 내용을 전달한다.

아마도 코러스란 꼭 합창만을 의미하진 않았을 것이다.
독창도 포함된 개념으로 보아야 한다.
그래야 극이 풍부해지기 때문이다.

어쨌든
그리스(희랍) 시대에는

코러스가 주류고
대사는 비주류다.
삽화는 대사에 속한다.
삽화는 액세서리다.

관객에게 전달하고자 하는 주된 내용은
노래에 담고 있다.
운율이 있든 없든 노래가 정보전달 수단이다.
그래서 합창, 즉 코러스가 중요한 것이다.

코러스는 등장가만 있는 게 아니다.
정립가란 코러스도 있다.
오케스트라에 정립하여 부르는 노래다.
등장인물이 퇴장하고 난 뒤,
그 공간을 메우기 위해 부르는 노래가
정립가이기도 하다.

퇴장(결미)은 코러스 마지막 노래
다음에
오는 부분이다.
퇴장도 본래는 합창가였으나,

세월이 가면서
코러스 지휘자와 배우 간의 대화로
변하게 된다.

요즘
학자들이 쓰는 논문을
그리스시대 드라마와
비교해 보자.

논문에는
대개
물리적으로 혹은
양적으로
구분되는 것이 있다.
서론-본론-결론.

서론과 결론에는
표와 그림이 없다.
본론에는 표와 그림이
삽입되곤 한다.

반드시 그런 것은 아니겠지만
아리스토텔레스가 말한 프롤로그를
학자들은 서론이란 구분으로 받아들이고
엑서더스를
결론으로 받아들이는 것이 아닌지.
코러스는
본문의 주된 콘텐츠로
삽화는
도표와 주석과 같은 부수적인 것으로
여기며 사용하는 것이 아닌지...

시학의 재조명 16

- 비극 3 -

제13장의 첫머리는 이렇게 적혀있다.

"비극의 효과가 극대화되려면,
플롯을 구성할 때,
취사선택을 어떻게 해야 하나?"

비극을 비극답게 만드는 법에
대해 설명하고 있다.

13장의 목표는
일단
멋진 비극을 만드는 일이고
그 방법은
플롯의 구성에 있다고 역설하고 있다.
물론 비극 자체의 목적은
앞에서 이미 언급한 바와 같이

연민과 공포다.

플롯 구성의 구체적인 내용은
무엇을 택하고
무엇을 피하느냐에 있다.
즉, 좋은 것은 취하고
나쁜 것은 버려야 한다.

특히
13장에는 비극적 주인공의 인생에 대해
말하고 있다.

우선
작품속의
주인공이
회피해야 할 세 가지 유형이 있다.

첫째, 도덕적으로나 윤리적으로
이상을 실현해 나가는
인격적 능력이 훌륭한
주인공이

행복하다가
불행해지는
플롯은 피해야 한다.

왜냐하면,
이런 식의 플롯은
불쾌감만 주기 때문이다.
불쾌감은 연민도 공포도 아닌
기분 나쁜 감정이다.

둘째, 사악한 주인공이
불행하게 살다가
행복해지는 것은 피해야 한다.

기본적으로
이런 플롯은 비극이 아니다.
비극의 구비조건이 결여된
형편없는 플롯인 것이다.

셋째, 극악무도한 주인공이
행복하다가

불행해지는 것은 피해야 한다.

사악한 주인공의 불행에
연민의 정을 느껴야 한다는 것 자체가
말이 안 되기 때문이다.

비극의 대전제는
주인공의 운명이
반드시
행복에서
불행으로 바뀌어야 한다.

그리고
주인공은
너무 덕이 높고
정의감이 있으면
안 된다.
완벽한 인간은
사절이다.
불사조도 사절이다.

어떤 과실 때문에
불행에 빠진 인물이야말로
바로
전형적인
비극의
주인공 모델이다.

보통사람의 이야기,
이런 것이
바람직하다.

그리고
근본적
성격문제로
악덕과 비행 때문에
불행에 빠지는 인물은
바람직하지 않다.

여기서 과실이란
약간의 "도덕성 부족을 의미한다"고
주장하는 사람도 있고

"단순한 판단 착오나
실수를 의미한다"고
말하는 사람도 있다.

보통사람들이
흔히 저지를 수 있는
과오,
결정적 순간의
판단 미숙
이런 것들이
운명을 바꾸는
불행의 씨앗이다.

그리고
멋진 플롯은
결말이 하나여야 한다.
이중의 결말은 곤란하다.

비극은 반드시
행복에서
불행으로 바뀌어야 한다.

불행으로의

인생역전

그 자체가 비극이다.

광고도

연예인 모델보다는

일반 사람들

즉, 보통 사람들을

기용하는 게

더 마음에 와 닿는 경우가 있다.

너무 과장되고

비현실적인

장면보다는

우리 일상에서 흔히 볼 수 있는

삶의 조각들을

광고장면에 사용하면 어떨까 싶다.

2009년 광고 중에

인터넷 서비스 QOOK의

광고 카피가

"집 나가면 개고생이다"라고
다소 도발적이다.
여기서 '아내의 유혹'의 정교빈(변우민 역)편은
사소한 선택 실수(인터넷을 자주 바꾸는 소비자를 빗댐)가
개고생이라는 비극적 상황을 맞이할 수 있다는
경고를 보여 주고 있다.

명품 비극을 만들려면
잔잔히 이끄는
스토리텔링이 중요하다.
그러다가
뭔가 역전되는
구도가
멋진 작품성을 결정한다.

도깨비 방망이 뚝딱 보다는
도자기 굽기 전,
물레 위의 진흙덩어리처럼
계속 돌아가면서
사람 손에 의해
아름다운 모양이

차근차근
만들어지다가,
한순간의 실수로
다 되어 가던 아름다움이
망가져 버리는
그런 진행과정이야말로
좋은 작품을 위해서는
정말로
절실한 요소다.

시학의 재조명 17
- 장경 -

제14장에서는 장경(場景)에 대한 이야기가 나온다.

그런데, 가만히 읽어 보면
장경을 적극적으로
설명하려는 것 같지는 않다.

오히려
플롯을 강조하려고
장경이 그리 대단한 게 아니라고
말하는 것 같다.

분명한 사실은 장경이
사건의 구성보다는 덜 중요하다는 것이다.

전에 말한 적이 있지만,
장경이란

배우의 의상, 분장,
또는
무대장치나
주변 환경을 가리킨다.

장경은
배우를 제외한 시각적 효과다.

눈으로 보지 않고도
잠결에
할머니 옛날이야기를 들으면서
어린아이가
손에 땀을 쥐며
흥미진진하게 듣다가
잠이 들더니...
그 다음 날에도
할머니에게
옛날이야기 또
해달라고 졸라대는 그 상황처럼,
스토리텔링은
시각적 효과 없이도

무척이나 재미가 있다.

그래서
장경이
플롯보다
우월하지 않다는 논리다.

아리스토텔레스는
장경에 의한
무대효과는
예술적이지 않다고까지 말한다.

그러나 지금은 다르다.
조명과 같은 무대장치는
또 다른 독립적인 예술분야로 자리 잡고 있다.

요즘 TV에서
조명과 같은 효과들을
모조리 빼다면
아무리 예쁜 배우라도
칙칙하게 보일 것이다.

스토리가 아무리 좋아도
칙칙한 화면의 드라마를
선택하여 볼 시청자는 아무도 없을 것이다.

그리스 시대에는
아마도
플롯을 중요시하다 보니,
장경의 역할을 과소평가한 듯하다.

한편,
비극에의
고유한 쾌감은
연민과 공포다.

연민과 공포는
작가가
모방하는
사건 속에서
찾을 수 있다.

연민과 공포는
반드시
이야기 주인공들 사이에
서로
인간관계가 존재해야 한다.

전혀 인간적 관계가 없는 사람이
주인공에게 주는 고통은
관객이
가엾다거나 무섭다는
감정을 갖기 어렵다.

비극적 사건은
반드시
친구나 적
또는
가족관계 속에서 일어나야
쾌감의
효과가 있다.

무서운 공포를 주는

행위는

고의적이거나 의식적으로

인간관계가 있는 사람들끼리

고통을 줄 때,

극대화된다.

자기의 행위가

얼마나 무서운 행위인지를 모르고

저질렀다가

나중에 가족관계인지를

알게 된다면

공포에 덧붙여

연민까지 느낄 수 있다.

예를 들어

영화 '그을린 사랑'[5]에서

나오는

충격적인

사건 장면 하나를 보자.

---

5) 2011년 작, 드니 빌뇌브 감독, 비극적 판타지 영화.

스크린에 비춰진
발뒤꿈치에 새겨진 문신,
이것 때문에
관객들은
전율에 떨면서
무한한 연민을 느낀다.

그 영화
역시
가장 충격적인 장면은...
누가 뭐래도 단 하나다.
몰랐던 사실이 밝혀질 때다.

그 관계가
엄마와 아들이라는 사실이 밝혀지고
사건은 이미 선행된
엎질러진 물이다.
모자간의 비극적 섹스.

그때
영화를 바라보는

관객이

느끼는

쾌감은

섹스를 바라보는 관음증의 쾌감이 아니다.

발뒤꿈치 문신에 의해

밝혀진

엄청난

공포와 연민의 쾌감이다.

전율까지 일어난다.

이처럼

가족관계가 비극적인

이야기로 얽혀져 있는 가정이

과연

세상에 많이 존재할까?

아니다.

극소수의 가정만이

그런

비극적 이야기를 담고 있다.

이런 극소수의 가정은

두고두고

비극의 소재가 되고
작가의 관심이
된다.

비극적 이야기의 소재가
충분하다면,
하나의 가족사 스토리만으로도
작가의 상상력에 의해
플롯은 끊임없이
창안될 수 있다.

그래서
극소수의 가정 비극얘기가
수천 년의 역사를
거치면서도
플롯을 달리하면서,
새로운 작품으로
끊임없이
탄생하게 된다.
광고에서는
공포를 주제로 한

공포 소구 광고가 공익광고에서
많이 등장한다.
금연광고가 대표적이다.
공포를
조작적 조건화를 통해
소비자에게 학습시키려 하는
광고가 공포 소구 광고인 것이다.

시학의 재조명 18
- 배우의 성격 -

제15장에서는 배우의 성격에 대한 이야기가 등장한다.

등장인물의 말과 행동은
의도를 가져야 한다.
의도된 말과 행동을 종합해서 보면,
성격이 보인다.
사실, 성격은
배우 그 자체일 수도 있다.

등장인물은
작가가 만들어낸 허구다.
작가가 의도한 동기에 따라
행동하는 것이 배우다.
배우의 행동에 의해
극이 전개된다.
전개되는 과정은

관객으로 하여금
스토리의 실체를 파악케 한다.

광고에서 캐릭터(commercial character)는
광고의 개성이다.
광고의 성격은
광고에 사용되는
인물, 동물, 사진, 일러스트레이션을 의미하기도 한다.

'시학'에서
배우의 성격은 선해야 한다고 쓰여 있다.
아리스토텔레스는
모든 인간은 착한 성격을 가질 수 있다고 생각했나 보다.

광고에서
미인(Beauty), 아기(Baby), 동물(Beast) 모델을 가리켜,
광고의 3B라 한다.
3B를 고려해 광고를 만들면 광고의 주목률[6]을
높일 수 있다.
3B는 호감을 주는 착한 캐릭터다.

---

6) 특정 광고 메시지에 목표 수용자가 주목하는 비율.

그리스 시대에
종교는 일상생활의 일부였다.
그러므로 그리스 시대의 비극도
종교적 분위기에 영향을 받았다.
종교적 이유로 인해
선한 성격이 강조되었을 것이다.

그리스 시대에 여자는
열등한 사람으로 여겼었다.
또 노예는
무가치한 사람으로 여겼었다.
그럼에도 불구하고
여자도 노예도
착한 성격을 가질 수 있다고 말한 부분은
지금과 너무도 다르다.

어쨌든 드라마가 추구해야 할
배우의 첫 번째 성격은
착해야 한다는 것이다.

두 번째는 성격이 작품 주제와 합당해야 한다.

그러나

이상한 얘기도 쓰여 있다.

실제 생활 속에서

여자도 용감할 수가 있지만,

극에서의 여자는

용감하거나 똑똑한 성격은

합당하지 않다고 한다.

세 번째는

작품 속의 성격이

예로부터 전하여 내려오는

스토리의 원형과 유사해야 한다.

네 번째는

성격이 일관성이 있어야 한다.

작가가 일관성 없는 성격의 인물을 만들고 싶다면,

일관성이 없는 것도 일관성 있게 해야 한다.

"비극은 보통 이상의 인간의 모방이므로

훌륭한 초상화가들을 본보기로 삼아야 한다"

훌륭한 초상화가들은 실물과 유사하게 그리면서도
더 멋지게 그리지 않는가.

사람들의 성격은 때론,
변할 수 있다.
그러나
극중 인물의 성격은
일관성이 있으면 좋다.

우리들은 현실세계에서
처음부터 끝까지
착한 성격으로 살아가는
선인을 꿈꾸고 있는 지 모른다.

시학의 재조명 19
- 발견 -

제16장에서는 발견에 대해 다시 언급하고 있다.

이미 11장에서도 발견에 관해 설명한 바 있다.

발견이라고 번역된 영어 『recognition』은 '알아봄',

'인식'으로도 해석이 되며

본래 알아보았던 것을

다시 인식하게 되는 일종의 재인(再認)이다.

발견의 종류를 상세히 설명한다.

발견의 첫 번째 종류는 표지(標識)에 의한 발견이다.

표지란

표시나 특징으로 어떤 사물을 다른 것과 구별하거나

그 표시나 특징, 자체를 말하기도 한다.

또, 표지란 다른 대상과 구별하여 어떤 대상을 확정하고,

그것을 인식할 수 있게 하는 표상적(表象的) 또는

개념적 특성을 말하기도 한다.

영어로는 『signs』이나 『marks』를 뜻한다.

사람들은 태어날 때부터
몸에
표시가 나 있다.
반점 같은 것이다.
때론
창끝 모양의 사마귀를 몸에
지니고 태어나는 사람도 있다.

몽고족의 특징은
몽고반점이다.
푸른 반점이 엉덩이 부분에
생겼다가
크면서 서서히 사라지기도 한다.

그리스 시대에는
아기에게서
별모양의 흰 반점이
있었던 모양이다.

요즘도
아기의
겨드랑이에 돼지점이 있을 수도 있다.
이점은 어쩌면 평생 없어지지 않고
남아있게 된다.

이런 것들은 선천적인 것이다.
태생적 사마귀나
점으로 인해
나중에
극적으로
"내 아들이다",
"내 형이다"
등등의
발견이 이루어진다.

마찬가지로
후천적인 것도 있다.
대표적인 것이
상흔이다.
상처의 흔적인 흉터가

어떤 이의
ID를 나타내 줄 수가 있다.
목걸이나 조각배처럼
몸 밖의
외부적인 표시도 있다.

아기와 헤어지는 엄마가
자기의 반지를 목걸이로 만들어
아기의 목에 걸어 준다면,
이것은 훗날
엄마와 아기의 재회 가능성을 예고하기도 한다.

남편이 타고 나갔다가 실종된
조각배의 모습은
아내에겐 남다르다.

먼 바다에
남편의 조각배와
같은 모습이
저만치
보일 때,

발견의 기쁨은 큰 것이다.

기억 인출의 실마리가
바로 표지다.
표지에도
반드시 우열은 있다.
표지에 얽힌
이야기를 어떻게 꾸미냐가 관건이다.

두 번째는
작가에 의해
조작된 발견이다.

"'이피게네이아'에서
오레스테스는 자기가 오레스테스라고 밝힌다.
플롯이 아니라
작가가 원하는 대로
스스로 말한다."-
이것을 조작된 발견이라고 한다.

세 번째는

기억에 의한 발견이다.

무엇을 하다 보니

옛일이 생각나

발견되는 것을 말한다.

초상화를 보고

지난 일을 생각할 수도 있고

악기의 연주 소리를 듣고도

기억을 되살려

다시금 인식할 수 있게 된다.

오감을 통한 발견이 가능하다.

네 번째는 추리에 의한 발견이다.

'제주(제사 술)를 바치는 사람들'에서

아버지의 무덤 위에 놓인

머리털을 보고

누이 엘렉트라는

이런 생각을 하게 된다.

"나를 닮은 사람이 왔다 갔다.

나를 닮은 사람은 오레스테스밖에 없다.

그러므로 틀림없이 오레스테스가 왔다 갔다."

이렇게 추리한다.

다섯 번째는 상대방의 오류추리에 의한 복잡한 발견이다.
'거짓 사자 오디세우스'에서 볼 수 있듯이,
오디세우스는 자신이 한 번도 본 적이 없는 활을 보고
자기는 그 활을 알아볼 수 있을 거라 말한다.
그러나 그가 그런 식으로 말한다고 해서
그 활을 알아볼 수 있을 것이라고 생각하는 것은
오류 추리다.

여섯 번째는 사건 그 자체로부터 유발되는 발견이다.
소포클래스의 '오이디푸스'나
에우리피데스의 '이피게네이아'와 같이
사건 자체로 유발되는 발견을 말한다.
이 경우, 사건의 자연스런 진행에 따라 경악이 발생한다.

모든 발견 중에 가장 훌륭한 것은 사건 그 자체로
유발되는 발견이다.
반대로 비예술적인 것은 표지나 조작된 발견이다.

유명한 미국 치약회사 콜게이트의

치실 광고사진 3장을 보자.

자세히 보면, 각각의 사진마다 조작된 부분이 발견된다.

첫 번째 사진 속에는 육손이가 나온다.

두 번째 사진에는 다른 팔이 나온다.

세 번째 사진에는 귀가 하나 없다.

왜 이렇게 조작되었을까?

그래도 매우 재미있다.

이유는 단 한 가지.

치아에

낀

음식찌꺼기가

조작된 어떤 신체적 기이한 형상보다도

더 타인들의 주목을 끈다는 발상 아래 이루어진

광고이기 때문이다.

새로운 발견은 항상

재인식을 가져온다.

시학의 재조명 20

- 주제 -

제17장에서는 비극을 만들기 위해
정확한 주제에 빠져들고 파고들어서
그 주제를 진전시켜야 한다고 말하고 있다.

특히, 스토리를 구성함에 있어,
있을 법한 언어적 표현들과 스토리를 일치시키고
눈앞에 펼쳐지듯 사실성이 있어야 한다.

왜냐하면,
명확하게 사건들을 본 것처럼 구성하는
그런 방식이야말로
관객들이 자아를 잃어버리고
배우들의 행동이
마치
자신의 것인 양,
푹 빠지게 하기 때문이다.

결과적으로

관객들은 대비효과를 빠짐없이 보면서

감상 효과 또한, 만점이 될 것이다.

사실성이 결여된 작품의 예로

아리스토텔레스는

카르키노스[7]를 들고 있다.

실제 연극에서

암피아라오스[8]가 신전에서 내려왔다가

다시 올라갔는데,

관객들은 이 같은 과정을 볼 수가 없었단다.

이 같은 실수 때문에

당시 관객들 사이에 불만의 소리가 높았다.

그 결과,

이 장면 하나 때문에

그 극은 실패하게 된다.

연극이란

인간의 행동과 상황을

---

7) 그리스 신화에 나오는 게(Carcinus) 혹은 지휘관으로 헤라클레스를 공격했
   다가 죽임을 당함.
8) 그리스 신화에 나오는 예언자.

최대한 있는 그대로 재현하고자 하는 예술이다.

연극은
사실적 환각성으로
무장된 예술이다.
무대 위
배우의 몸동작을 통해
관객에게 직접적으로
전달되기 때문이다.

이 때문에
관객들은
무대 위
등장인물과 현실의 자아를
착각한다.
악역을 맡은 배우를 미워하고
착한 주인공을 무조건 좋아한다.

이것은 다 사실성에 바탕을 둔 허구이기 때문이다.

미국 TV 광고에서
삼성전자의 4G 휴대폰
액정 디스플레이 색상이
너무도 사실적이어서
등장인물 중 여자 모델이
휴대폰 화면 속의 그림이
진짜 독거미인 줄 알고 경악한다.
이때 또 다른 등장인물인
노년층 남자가 구두로
거미를 내려친다.
얼리 어댑터(early adopter)인 주인공은
망가진 신제품 휴대폰만 바라보며
아연실색한다.

멋진 광고카피와 함께,
Colors so real, It's almost unreal.

시학의 재조명 21

- 인물 -

제17장에서는 극 중 인물의 설득력에 대한 얘기도 나온다.

아리스토텔레스는

가능하다면,

등장인물의 배역과 관련 있는

몇 가지 사실성 있는

성격들로 구성해야 한다고 역설한다.

즉, 극 중 인물의 성격을

관객들이 쉽게

이해할 수 있는 방향으로

설정해야 한다는 것이다.

가장 설득력 있는 인물이 되게 하려면

본래의 성격 자체가

작가가 표현하고자 하는 감정을

그대로 가지고 있는
인물들로 설정하는 것이 좋다.

흥분이라는 감정을 표현하고자 한다면,
평소에도 조증으로 날뛰는 인물을 설정하는 게 좋다.
또, 격분이라는 감정을 표현하고자 한다면,
보통 때에도 골이 잔뜩 나 있고 화를 잘 내는
그런 인물들에게 맡기면 된다.

그러므로 모방의 대상으로
훌륭한 재능을 가진 사람이나
충동적인 광기를 가진 사람이
주로 차지하게 된다.

훌륭한 재능을 가진 인물이라 하면,
쉽게 극 중 역할이 만들어지고
충동적인 광기를 가진 인물은
일상의 범주에서 벗어나는 경향이 있어
극적 묘미가 살아난다.

천재와 광기의 묘한 조화.

부자와 가난뱅이의 묘한 조화.

사악한 사람과 선한 사람의 대비.

열심히 노력하는 자와 게으른 자의 대비.

예쁘장한 사람과 못생긴 사람의 contrast.

결국 밝음과 어둠의 차이를 말한다.

과장되지는 않지만, 두드러지게 분별되는

그런 인물 설정이 중요하다.

백화점도 묘한 조화로 홍보를 한다.

지하매장에는 주로 저렴한 식당들로 구성한다.

고급 식당은 고층에 위치한다.

최고급 VIP들에겐 초고층에 위치한 특별 라운지에서

최고급 다과를 제공하고 편안한 휴식처를 마련해 준다.

명품관은 별관으로 구분 짓고

구름다리를 통해 건너게 하면서

고객들에게 묘한 대비를 느끼게 해준다.

시학의 재조명 22
- 이야기 3 -

제17장 끝부분에서 스토리에 관한 얘기가 나온다.

스토리에서 가장 중요한 부분은
주제를 정하는 것이다.
이야기의 주제는 두 가지로 구분된다.
첫째, 남이 이미 사용한 주제.
둘째, 본인이 처음 정한 주제.

스토리텔링을 하는 절차는 다음과 같다.
우선, 주제에 대해 일반적인 방법으로 설명한다.
그다음 에피소드(삽화)를 적절히 배치시킨다.
그리고는 이야기를 흥미진진하게 전개시킨다.

주제에 대해 일반적인 이야기 설명방법은
마치 줄거리와 같다.
요즘에는

영화나 드라마 따위의 간단한 줄거리나 개요를
시놉시스(synopsis, summary)라 한다.

단군신화를 예로 들어보자.

우선 한반도에 나라를 세운 창시자의 이야기가
그 주제가 된다.
그 주제를 일반적으로 설명하면,
단군신화의 시놉시스가 된다.

옛날 옥황상제의 아들 하나가
무리 3천 명을 이끌고
태백산 꼭대기 신단수 아래로 내려와,
나라를 다스렸다.
그때 마침 사람이 되기를 원하는
곰과 범 한 마리가 있었다.
이중 곰만이 여자가 되어
옥황상제의 아들과 결혼하여
한반도의 창시자를 낳게 되었다.

이렇게 이야기를 일반적인 방법으로 설명하면,
뭔가 빠져있는 듯하다.
등장인물의 이름이다.
네이밍을 해야 한다.

하늘의 황제를 환인이라 하고
그의 아들 역할을 환웅이라 한다.
곰이 여자가 되었으니 웅녀라 한다.
환인과 웅녀 사이의 아들을 단군이라 칭한다.
주요 배역은 환웅, 웅녀, 단군, 이 세 사람이다.

그리고 에피소드(삽화)를 적절히 배치시킨다.

곰과 범의 얘기가 밋밋하다.
그래서 양념을 넣고 참기름을 뿌린다.
그러면 얘기가 더 맛있어진다.
곰 한 마리와 범 한 마리가 같은 굴에서 살았는데,
늘 사람 되게 해달라고 빌었다.
이때, 신(神)이 쑥과 마늘을 주면서 말하였다.
"너희가 이것을 먹고
백 일 동안 햇빛을 보지 않는다면

곧 사람의 모습을 얻게 될 것이다."
곰은 이를 견디고 참아
여자의 몸이 되었다.
그러나 범은 이를 참지 못하고 뛰쳐나가
사람이 되지 못하였다.

삽입된 에피소드의 내용은
플롯에 적합해야 한다.
잘 참고 인내하는 민족이라는
뜻을 품고,
작고 야비한 동물이 아니라
듬직하고 우직한 동물이
민족의 뿌리라는 것이다.

위에서 보듯이
전체적인 줄거리는
그 분량이 얼마 되지 않는다.
하늘에서 내려왔다.
왕국을 건설했다....
이런 플롯은
다른 나라의 건국신화와 다를 바 없다.

나머지 분량은 삽화가 관건이다.
곰이 약을 먹고 사람이 되었다는 둥,
단군왕검은 1,908세까지 살았다는 둥,
풍백(風伯), 우사(雨師), 운사(雲師)에게
곡식, 수명, 질병, 형벌, 선악 등을 맡기고,
무릇 인간살이 삼백예순 가지 일을 주관하여
세상에 살면서 교화를 베풀었다는 얘기가
줄줄이 이어진다...

아리스토텔레스의 '시학'에는
줄거리의 예와 삽화의 예로
단군신화가 나오진 않는다.
이해를 돕기 위해 거론한 것이다.
참고로 '시학'에서는
'이피게니아'와 '오디세이아'가 사례로 거론되었다.

그러나 우리는 신화를
너무 많이 들으면 지루하다.
우리의 드라마는
너무 부자와 재벌집 위주다.
가난한 집 출신이 부자 배우자를 만나

우여곡절을 거쳐
벼락출세를 하는 그런 스토리다.

이제 찌질이들이 사는
그런 세상을 드라마가 주제로 삼았으면 한다.
사회에서 별로 큰 역할을 하는 것 같지 않지만,
정치인, 연예인, 부자보다도
더 큰 소비의 힘을 발휘하고 있다.
그들이 먹는 5천 원짜리 점심과
퇴근 후에 마시는 3천 원짜리 생맥주와
가족과 큰 맘 먹고 시켜먹는 1만 원짜리 치킨이
이 세상을 원활히 굴러가게 만드는 힘이 된다.

서민!
그들의 애환을
얼마나 잘
맛깔나게 그려내느냐가 관건이다.
바보스럽지만
어찌 보면 나는 놈 등에
업혀가는 듯하게 보이는
보통사람들이야말로

이 시대의 주인공이다.
대중이 사는
실제 이야기가
우리의 가슴을 울리고
큰 감동을 줄 것이다.

이야기 줄거리에
인물이 보태어지면
사실성과 신뢰성이 늘어나듯,
삽화가 더 해지면
재미와 집중이 생겨난다.

광고에서는
신뢰성을 높이기 위해
이야기 소재를
신화에서 찾기보다는
일상생활에서 찾는 것이
더 낫다고 생각한다.

시학의 재조명 23
- 매듭 1 -

제18장에서는 매듭과 매듭을 푸는 것에 관한
얘기가 나온다.

아리스토텔레스는 다음과 같이 말했다.
"모든 비극 안에는 '매듭'과 그 '해결'이 있다.
이야기 밖 사건과
종종 그 이야기 안에서 이루어지는 사건에 연루된 사람들,
그것이 바로
문제가 뒤얽히는 매듭이 된다.
나머지는 그 매듭을 푸는 일이다."

일종의 결자해지(結者解之)다.
작가는 일종의 매듭을 만들고
그것을 풀어야 한다.
매듭을 묶은 자가 풀어야 한다는 뜻으로,
일을 저지른 사람이 일을 해결해야 한다.

매듭을 묶은 자가 풀어야 하고
일을 저지른 사람이 일을 해결해야 한다는 원칙이다.

천병희가 번역한 책에는
매듭을 '분규'로 해석했다.
프랑스어로 번역된 책에는
매듭으로 되어 있어
어떤 단어를 선택해야 할지 곰곰이 생각해 보았다.
얽히고설킨 실타래를
풀어가는 드라마의 전개과정이
더 나을 것 같아,
여기서는 매듭으로 표현했다.

모든 문제는 각기 나름대로의 해결방법이 있고
모든 매듭은 반드시 풀리게 마련이다.
성경 고린도전서 10장 13절에도 이런 구절이 있다.
"사람이 감당할 시험 밖에는 너희에게 당한 것이 없나니
오직 하나님은 믿을만하여
너희가 감당치 못할 시험 당함을 허락지 아니하시고
시험당할 즈음에 또한 피할 길을 내사
너희로 능히 감당하게 하시느니라."

시학의 재조명 24

- 매듭 2 -

제18장에서 아리스토텔레스는 매듭에 관한
용어를 정의하고 있다.

'매듭'이란
연극의 시작부터
운명의 전환이 이루어지는 부분의
바로 직전의
장이 끝날 때까지 이어진다.

여기서 운명의 전환이란
불행에서 행복으로 바뀌거나
반대로 행복에서 불행으로 전환되는 순간을 말한다.

'매듭풀기'란
운명의 전환이 이루어지는 순간부터
연극의 끝까지 계속된다.

테오덱테스의 '링케우스'에서
아이의 유괴를 포함한 일련의 사건까지가
바로 '매듭'이다.
살인혐의로 기소되는 순간부터
마지막까지가 '매듭풀기'다.

우리의 연극을
매듭과 매듭풀기 차원에서
대입해 보자.

맹진사댁 경사라는
연극을 보면
줄거리가 다음과 같다.

　1막 1장 : 돈으로 겨우 진사 벼슬을 움켜쥔 허풍과
위선의 맹진사. 건넛마을 명문가 진짜 양반댁과 혼사
를 성사시킨다. 신랑감을 보지도 않은 채, 사돈이 보
낸 거창한 예물과 권세 높은 양반댁과의 혼사라는 것
에 딸 갑분이를 시집보내려 한다. 인물의 성격이 대비
된다. 철없고 거만한 딸 갑분과 비록 노비신분이지만
착하고 속 깊은 이쁜이. 여자 종 이쁜이와 남자 종 삼돌과의 애정전선. 갑분을 부러워하는 동네 처녀들, 의기양양한 갑분의 모습.

1막 2장 : 족보를 조작하는 맹진사의 우스꽝스러운 장면. 달빛 아래 장독대에서, 갑분 아가씨가 잘되기를 기원하는 이쁜이의 애틋한 모습. 그러나 건넛마을 사람으로부터 신랑감이 절름발이라는 사실을 알려지게 되면서 사태는 급진전.

1막 3장 : 신랑감이 장애인이라는 엄청난 사실에, 맹진사댁 일가친척들이 모두 모여 침통한 모습으로 가족회의를 한다. 묘책이 떠오르질 않는다. 울며 난리치는 갑분이를 달래며 사람 됨됨이가 문제지, 신랑감이 절름발이면 어떠냐고 달래는 이쁜이의 모습을 본 맹진사의 간교한 머리가 번뜩인다. 갑분이를 빼돌리고 노비 이쁜이를 타일러 자기 딸 대신, 시집보내려는 속셈이다. 이쁜이를 제 색싯감으로 알고 있는 삼돌이도 단속하고 이쁜이도 달래고,... 맹진사는 계략에 바쁘고 상황은 아슬아슬하다.

2막 1장 : 맹진사의 야비한 결정이 드디어 집안에 알려짐. 이쁜이가 갑분 아가씨로 둔갑하여 건넛마을 양반댁으로 시집간다는 사실. 노비의 신분이지만 똑똑하고 당찬 삼돌은 이쁜이와 장차 결혼시켜주겠다던 상전들의 약속을 상기시키며, 이 같은 약속을 어긴 양반들에 대해 거세게 반항한다. 삼돌이 때문에 혼례식에 차질이 생길까 봐, 맹진사는 이쁜이 대신에 갑분 아가씨를 주겠노라 삼돌이에게 엉뚱한 약조를 하고 만다. 삼돌이 말고도 문제는 또 있다. 이쁜이가 요지부동이다. 신부단장을 억지로 시켰으나, 이쁜이는 완강히 시집가기를 거부한다. 예기치 못한 일들이 꼬이고 또 꼬여, 맹진사댁 가족은 서로를 탓하고 화내고.... 엉망이 돼 버린 상태로 상황이 흘러간다.

2막 2장 : 드디어 혼삿날. 신랑이 소문과는 달리, 정상인이고 멋진 미남임이 밝혀진다. 늠름하게 걷는 신랑 모습에 맹진사댁 사람들 모두 놀라 자빠질 지경이다. 일대 혼란이 일어남. 엎질러진 물. 난리법석. 어쩔 수 없이 혼례가 치러진다.

2막 3장 : 첫날밤. 촛불 아래서 신랑 미언은 장애인 신랑감 소문 등을 다 자신이 꾸민 일이라고 신부 이쁜이에게 말한다. 착한 마음씨와 순수한 감정의 신붓감을 얻고 싶었단다. 그런 의미에서 이쁜이를 진정한 아내로 받아들인다고 말한다. 신혼방의 촛불이 꺼지자, 갑분이와 맹진사댁 가족 모두는 멘붕이 일어나고, 갑자기 나타난 삼돌이가 맹진사를 향해 장인어른! 하고 부르며, 대단원의 막이 내려간다.

여기서, 매듭은 1막 2장에서 2막 1장까지다.
뭔가 계속 안 풀리고
자꾸 꼬여만 간다.
매듭풀기는 2막 2장의 반전부터 끝까지 이어진다.
사건의 실마리가 풀리고
착한 사람은 보상받고
나쁜 사람은 벌을 받게 된다.

시학의 재조명 25
- 비극 4 -

제18장에는 비극의 4가지 종류에 대한 소개가 나온다.

4라는 숫자는 어찌 보면,

비극이 구성되어 있는 부분의 수와 같다.

12장의 내용들을 다시 살펴보자.

아리스토텔레스가 말하는

비극의 물리적 구분은

도입부(프롤로그), 합창(코러스), 삽화(에피소드),

퇴장(엑서더스)이다.

이 숫자와 같다는 뜻이다.

비극의 4가지 종류 중 첫 번째는 복잡한 비극이다.

온통 급전(급변, 대파란)과 발견으로 점철된 비극을 말한다.

두 번째 종류는 파토스적 비극이다.

아이아스나 익시온이 나오는

그런 종류의 비극이야말로 바로 파토스적 비극이다.

세 번째 종류는 도덕적 비극이다.
프티아의 여인들과 펠레우스와 같은 비극이
바로 그것이다.

네 번째 종류는 이상의 3가지가 모두 합쳐진 비극을
말한다.
포르퀴스, 프로메테우스나 하데스 속에서 나오는
행동들이 바로 그것이다.

시학의 재조명 26
- 비극 5 -

제18장에서는 비극의 종류를 거론하면서
소재를 복합적으로 구성하는 것이 낫다고 말한다.

가능한 한
모든 소재들을 복합적으로 구성하거나
아니면,
가장 중요한 소재들만을 골라
임팩트 있게 구성하는 것도 괜찮다.

오늘날 비평가들은
매사에 완벽하지 못한
작가들을 공격하곤 한다.

과거
작가들은 그들이 능한 분야가 있었다.
일종의 전공분야다.

지금은 모든 분야에 능하여야 한다고
아리스토텔레스는 역설한다.

사실, 학문이 그렇다.
세부적으로 잘게 나뉘는 전공이 좋다고 했다가
전공끼리 합치는 융합이 좋다고 했다가
세월과 유행에 따라
왔다 갔다 한다.
마치 뜯었다 붙였다 하는 사무실의 파티션 같다.
시대의 유행 조류가 다 그렇다.

아리스토텔레스는 이런 이야기도 한다.
비극이란
비슷한 듯하면서도
다를 수 있다.
널리 회자되는 판박이 같은 우화식 구조이기 때문이
아니라
오히려 매듭과 매듭풀기에서 나타나는 유사성 때문에
흡사해 보이지마는 실제로는 다른 것이다.

TV에서 매일 드라마를 한다.

주말에도 한다.

결말은 뻔하다.

갈등 구조로 시청자의 속만 태우다가

결국 그 문제의 실마리가 풀린다.

미국에서는 몇몇 TV 연속극을 'soap drama'라 한다.

만날 뻔한 통속극이기 때문이다.

비누 드라마라고 명명된 까닭은

이런 저질 TV 드라마의 주 시청대상이

중하류 급 주부들이고,

이런 주부들을 대상으로

비누와 세제 등의 회사가

드라마의 제작 스폰서나 광고주가 되었기 때문이다.

미국 드라마는

대부분

주제나 등장인물의 성격묘사 등 문학적인 가치가 없고

사회적으로 경종을 울리는 감동도 거의 없고,

오직 재미위주이며,

플롯이나 스토리도 매우 단순하고 말초적 자극만

강조된다.

제대로 된 작가나 지식이 어느 정도 있는 시청자의 눈에는,

매우 저속한 드라마다.

실질적 알맹이가 없고 결국은 거품으로밖에 남지 않는

말랑말랑한 구조를 가진 드라마가

바로 'soap drama'인 것이다.

이런 것들을 보완할 수 있는 방법은

오직

소재개발이다.

다양한 소재를 사용하고

매듭과 매듭풀기는 어차피 있어야 하는 것이지만,

극 전체에서 제대로 위치시켜야 하고

그럴 법해야 한다.

모든 사람들이

맞아, 바로 그거야!

할 정도로

내 생활 속에서

바로 옆에서 일어난 사건처럼

생생하게

느끼도록 만드는 것이야말로 진정한 드라마다.

그 반대의 예가 미국의 'soap drama'다.

우리나라의 막장 드라마를

분류해보자면,

비누 드라마 중에서도

정말로 딱딱하고 거친

'빨래비누 드라마'라 할 수 있다.

시학의 재조명 27
- 일리아스 -

제18장에서는 일리아스에 대한 얘기가 나온다.

일리아스는 일리아드라고도 불리는

고대 그리스 호메로스의 작품으로

유럽인의 정신과 사상의 원류가 되는

그리스 최대 최고의 민족 대서사시이다.

일리아스는

10년간에 걸친 그리스군의 트로이 공격 중

마지막 해에 일어난 사건들을 노래한 서사시다.

서사시의 구성은

이야기가 시리즈로

되어 있다.

즉, 역사적 사실에 기초를 두지만,

다수의

지어낸 이야기투성이라는 것이다.

만일
일리아스의 전체 스토리를
비극으로 만든다면,
바람직하지 않다.
그러므로 비극이란
서사시적인 구성을
지양해야 한다.

왜냐하면,
서사시적 구성을 가진
비극공연에서는
배우의 드라마틱한 연기를 기대할 수 없고
따라서 소기의 효과를 거둘 수 없기 때문이다.

시학의 재조명 28

- 코러스 -

제18장에는 코러스 얘기도 나온다.

아리스토텔레스는
코러스도 배역의 수준으로
격상되어야 한다고 주장한다.

코러스가
비극의 한 부분을
당당히 차지해야 한다.

코러스는
배우의 연기와
당당히 겨루어야 한다.
그러므로
코러스는
배우들 중 한 사람과

마찬가지로 여겨진다.

코러스 활용의 나쁜 예가
에우리피데스이고
코러스 활용의 좋은 예가
소포클레스다.

참고로
에우리피데스(Euripides, BC 480~406)는
고대 그리스의
3대 비극 작가 중 하나다.

소포클레스(Sophocles, BC 496~BC 406)도
고대 그리스 3대 비극작가의 한 사람이다.
대표작은 아이아스, 안티고네 등이 있다.
합창단의 수를 늘려
비극적 긴박감을 높인 것으로 유명하다.

소포클레스보다
에우리피데스는 후세의 사람이다.
후대로 오면서

세월이 가고
코러스의 역할이
많이 퇴색한 듯하다,
아리스토텔레스는 이를
매우 안타까워했다.
그래서 코러스의
역할과 기능을 강조한 것이다.

오늘날
우리나라도
악극단이 없어졌다.
그러나
악극단 출신 중
상당수는
원로배우로 활동한다.

다시 시학 얘기를 해보자.
코러스와 플롯의 관계성에 대한 얘기가 계속 이어진다.

코러스는
비극의 플롯과

유관해야지
무관하면
막간가가 되어 버린다.

비극의 맛을 제대로 살리려면
비극의 플롯과
밀접한 관계가 있는
주제가가
제격이다.

영화는 기억에 남지 않고
주제곡만 유명해지거나
광고 내용은 전혀 남지 않고
머리속에 배경음악만 맴돈다면,
음악작업은 성공적이나
다른 구성요소가 음악작업수준에
못 미쳤다는 증거다.

시학의 재조명 29

- 사상 -

제19장에서는 사상이 나온다.

등장인물들의 사상이다.

사상은 언어로 표현된다.
배우가 언어로 하는 연기 속에서
무엇을 증명하는 것도 언어로 하고
반박하는 것도 언어로 한다.

극중에서 배우가
연민, 공포, 분노 등의 감정을 환기시키는 것도
언어적 표현에 의해서 이루어진다.

물론 배우의 연기란
언어뿐만 아니라
행동으로도 이루어진다.

작가가

배우의 행동을 지문으로 통제할 수 있지만,

한계가 있다.

어쩌면, 동작에 있어서 배우의 자율성이

작동되는 부분이다.

또는 그 밖의 효과가

작용하는 부분이기도 하다.

그러나

순수한 의미의 verbal은

언어적 표현으로

고스란히

작가의 대본에 의해

배우가 대사로 말하게 되어 있다.

배우의 대부분 생각은

대사에 녹아있다.

과연 배우의 연기 속에

언어적 표현과 비언어적 표현의 비율은

얼마나 될까?

대부분의 경우,

언어의 부분이 더 크다.

인간이란

의사소통 대부분을

언어로 하게 되어 있다.

그렇다고 배우의 비언어적 표현이

과소평가되어서는 곤란하다.

언어의 중요성 속에서

수사학이란 용어가 등장한다.

수사학이란

타인을 설득하고 그의 사상에 영향을 끼치기 위한

언어기법을

연구하는 학문이다.

아리스토텔레스(Aristoteles) 이후 발달하기 시작한 수사학은

문법이나 논리학과는 다른 차원의 분야다.

수사(修辭)란

언어의 장식이란 뜻이다.

말이나 글을 아름답게 꾸미는 것이

바로 수사학이다.

등장인물의 사상은
언어와 수사학과
밀접한 관계를 갖고 있다.

물론 팬터마임과 같은
무언극도 있다.

훌륭한 배우는
대사 한 마디 없이도
눈빛 하나만으로도
모든 걸 표현할 줄 아는 사람이다.
눈빛이 살아있는 배우가
진정한 배우다.

시학의 재조명 30
- 조사 1 -

제19장에서는 조사에 관한 설명도 나온다.

19장에서 말하는 조사란 어조를 말한다.
즉, 발성법, 어투를 말한다.

말이란 어조에 따라
사뭇 전달하는 감정이 달라진다.
정독이냐 속독이냐,
이것만 가지고도
정보전달 능력에 차이가 많이 난다.
같은 문장을 두고도
끊어 읽기를 해보라고 하면,
이것마저도
사람마다 읽는 방법이 다 다르다.

또한,

정확한 발음도 매우 중요하다.

우리나라 사람이

영어의 r과 l의 발음을

제대로 구별하지 못하는 것처럼....

호흡도 온전히 한 호흡을 하는 것과

반만 하는 반호흡과

남이 알아차릴새라

몰래 얼른하고 넘어가는 도둑호흡과

정말로 길게 하는 큰 호흡이 있다.

우리 국어에는

말없음표라는 게 있다.

문장부호의 한 종류인데,

문장 중에서 침묵과 함축미(含蓄味)를 나타낼 때,

또는 문장을 생략할 때 사용하는 점줄(.....)이 있다.

다른 말로는 무언부(無言符)라고도 한다.

말이 아예 없을 때와

말을 하고 싶어도 없애버린 경우도 있다.

이는 줄임표(생략부)와 흡사하나,

줄임표가 점이 3개(…)인데 비하여,
이 같은 말없음표는
표준대로라면 6개로 한다.

그런데,
극작가는
표준법과 달리,
이 같은 문장부호를 가지고
배우의 호흡을 조정할 수 있다.
어떨 때에는
점을 3개 찍고
또 어떨 때에는
점을 4개 찍었다면,
배우가 알아차리고
호흡의 길이를 조절하여
연기하여야 한다.

중요한 명사는
스타카토로 찍어서
읽을 수도 있고
뉘앙스를 달리해가며

발음할 수도 있다.
똑같은 단어라도
단음으로 발음할 때와 장음으로 발음할 때
그 뜻이 달라지기도 한다.

예를 들어
배나무의 열매인 배(梨)
사람의 신체부위 배(腹)
요트와 같은 타는 배(船)
모두 짧은 소리로 발음한다.
그러나
곱절할 때,
배(倍)만은 길게 발음한다.

중국어에 5성이 있다고 한다.
음의 높낮이다.
인토네이션을
어떻게 하냐에 따라서
말의 의미가 달라지기도 한다.

이런 것들이
아리스토텔레스가
말하는 조사다.
우리말의 은, 는, 이, 가, 을, 를....
이런 조사와는 전혀 다른 개념이다.
누군가가
조사로 처음 번역을 해서
그렇게 사용하는 것일 뿐이다.
그냥 발성법이라 생각하면 편하다.
아니면, "야, 인마, 너 말투가 그게 뭐야"라고
할 때의
말투가 바로 그것이다.

그러면
작가가
이런 말투까지 일일이
지문으로 남겨야 할까?
이런 문제에 봉착한다.
물론 일일이 지적하여 기록할 수도 있다.
그러나
그렇게 말투를 제한하지 않아도

된다고 생각한다.
말투는
연출가와 배우의 몫으로
남겨두면 되기 때문이다.
그들이 알아서
작품해석을 달리하면
그것 또한 다양하고
재미있을 것이다.

호메로스가
"여신이여, 분노를 노래하라"라는
대사를 대본에 썼다고 해보자.
배우의 발성법 여하에 따라
그 느낌은 달라질 수 있다.
명령조가 될 수도 있고
애원조도 될 수 있다.
이것을 두고
애매모호하게 썼다고 비난할 수 있겠는가?

작가는
특별한 경우를 제외하곤

말투까지 간섭하는 것은
바람직하지 않다.
앞뒤 문맥을 보고
연출자와 배우가 알아서 하게
남겨두는 것이
여백의 미덕이리라.

시학의 재조명 31
- 조사 2 -

제20장에서도 조사에 관한 설명이 있다.

그런데, 여기서 말하는 조사는
지금의 문법 같다.

영문법, 국문법 할 때의
그런 문법이다.

첫째, 문자의 정의가 나온다.
문자는 불가분의 음이라 한다.
더 이상 나눌 수 없는
음의 최소 단위라고 정의한다.
물론 의미가 있는 음을 뜻한다.

동물도 소리를 내지만
의미가 없기 때문에

문자가 아니다.

음에 대해서도
세부적으로 표현하고 있다.
모음, 반모음, 무성음에 대해 자세히 설명하고 있다.

혀의 움직임에 따라
음성이 달리 들리는 것에 대해서도
역설하는 것을 보면,
아리스토텔레스는
음성학에 있어서도 대가임에 틀림없다.

입모양이 어떻고
입안의 어느 부분에서
발음이 나오는지에 대해
구별하고 있다.

장음, 단음....
높은 음, 낮은 음,...
이러한 것을 운율학이라 칭했다.

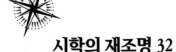

시학의 재조명 32
- 음절 -

제20장에서 음절에 대한 애기가 나온다.

음절은 무성음과 모음으로 구성된 무의미한 음이라고
아리스토텔레스는 말했다.
여기서 무성음이란 모음이 아닌 음을 이야기하는 것 같다.
국어의
'ㄱ'을 발음하라 하면
모음 없인 발음할 수가 없다.
엄마 없는 자식이 어디 있단 말인가.
그래서 요즘은 자음이라 한다.

본래 음절이란 사전적 의미로
하나의 종합된 음의 느낌을 주는
말소리의 단위다.
몇 개의 음소로 이루어지며,
모음은 단독으로도 하나의 음절이 될 수 있다.

China에서 Ch는 모음이 없기에 음절이 아니다.
Chi는 비로소 음절이 된다.

이 밖에도
20장에서는
접속사, 관사, 명사와 같은 품사에 대한 설명이 이어진다.

특히, 동사에 대해서는 시간관념과 연관지어
이야기한다.
아마도 서술어가 형용사형이면 시간 개념이 없고
서술어가 동사형이면 시간개념이 있다는 점을
강조한 것 같다.

그 예로 '하얗다'와 '걷다'를 구별했다.
'하얗다'는 시간개념이 없다 했다.
'걷다'는 시간개념이 있다 했다.
지금의 'be' 동사를 간과한 듯하다.
상태도 과거와 현재, 미래가 있을 수가 있으니 말이다.

명사와 대명사의 격에 대한 언급도 있다.
참으로 아리스토텔레스는

깨알같이 꼼꼼도 하다.

주격, 목적격, 소유격...
그런 것을 말하는 것이다.

동사의 형태도 말한다.
명령형, 의문형, 감탄형...
등등이 거론된다.

문장에 대한 정의도 내려져 있다.
모든 문장이 명사와 동사로 구성된 것은 아니다.
한발 더 나아가,
아리스토텔레스는 동사가 없어도 문장이 될 수 있다고
주장한다.
의미 있는 그 무언가만 있어도 문장이 된다는 얘기다,
즉, 소통에는 문장의 길이나 형식, 구조
따위가 중요한 게 아니고
유의미한 포인트, 그것을 강조한 것이리라.

이 세상에서 가장 짧은 편지이자,
가장 짧은 문장은 무엇일까?

장발장이 주인공으로 나오는 '레미제라블'의 작가인
빅토르 위고는 출판사 책임자에게
자신의 원고에 대한 생각을 묻는 편지에
'?'
물음표 하나만 적어서 보냈다.
답장 역시 매우 짧다.
'!' 느낌표 하나만 달랑 있다.
감탄할 정도로 좋다는 뜻이리라.
비록 편지 내용이 짧다 해도,
소통이 완전히 되는 것이다.

요즘의 정치인들은
국민과의 소통이란
시간만 많이 걸리게 만들고
비효율적인 과정이라 생각하는 모양이다.
그래서 생략하고 싶어 한다.

짧지만, 강하게 하는 것,
그리고 솔직해지는 것...
그것이 비록 불완전한 문장이라도
서로 마음의 문을 열 수가 있다.

그것이 잘 되면, 소통원활이고
안되면, 소통부재다.

또한, 시학 20장에선
문장과 문장을 서로 연결해 주는
접속사의 중요성도 강조한다.
인생살이도 마찬가지다.
교량과 다리가 있어야 한다.
누군가
그 역할을 해야 한다.

인생살이의 '다리'라는
말을 하다 보니,
흘러간 옛 노래 하나가 생각난다.
70년대 가수
사이먼 앤 가펑클의 노래 가사를 적어둔다.

당신이 힘들어하고 작게 느껴질 때
당신의 눈가에 눈물이 고일 때,
내가 그 짐을 덜어 드리고 눈물을 없애 주리라.
난 언제나 당신 편인걸요.

오! 여러분이
너무나 힘든 시간을 보내야 하고
기댈 친구조차 없다면,
내가 이 한 몸 바쳐
그대의 '다리'가 돼 주리라.

대통령이든
국회의원이든
장관이든
지도자든
경제인이든
선생이든
마케터든
배우든
연예인이든....

높은 첨탑이 되어
세상을 내려 보려만 하지 말고
세상살이의 다리가 되어,
국민의 교량이 되어,
끊기고 단절되고 소외된 것을

넓은 세상과

밝은 삶과,...

연결 시켜주는 끈이 되었으면 한다.

시학의 재조명 33

- 명사 -

제21장에는 명사의 종류가 나온다.

명사에는 두 가지 종류가 있단다.
하나는 단순명사이고
또 하나는 복합명사다.

또한, 명사를 세부적으로 보면,
고유명사, 외래어, 은유, 꾸밈어, 신조어, 확장어, 축약어,
변형어가 있다.

은유란
다른 이름의 차용이다.
빌려 쓴다는 뜻이다.

은유의 metaphor란
용어의 어원을 들여다보면,

meta(over) + phora(carrying)로 나누어지므로

의미의 상승과 전이를 뜻한다.

즉, 위아래, 전후좌우로의 종횡무진격

뜻의 이동과 차용을 뜻한다.

아리스토텔레스는

은유의 종류가 4가지 있다고 한다.

그중 처음 세 가지는 종류에 관한 것이다.

종류란 사물의 부문을 나누는 갈래를 말한다.

유에서 종으로,

종에서 유로,

종에서 종으로

빌려 쓴다.

여기서 말하는

유와 종은 마치 생물학 분류와 비슷하다.

'같다'는 것은 '다르다'는 것의 상대어다.

그러나

더 중요한 것은 이 두말이 단짝이라는 것이다.

왜냐하면,

차이를 얘기하지 않고
동일성을 말하는 것은 불가능하기 때문이다.
결국 차이는 동일성에 녹아들게 되어있다.
사람들은 차이를 인정하면서도
동일성을 추구한다.
동일성이 차이를 품어야 한다.

생물학에서 말하는
아리스토텔레스의 '종차' 개념은
가령 호랑이라는 '종'은 표범과는 '종'이 다르다.
그러므로 그 차이가 있다는 것을 강조한다.
그러나 그 차이라는 것이
고양잇과라는 동일성의 '유' 개념 안에서의
차이에 불과하다는 것이다.

종과 유는 고정 개념이 아니다.
이동 개념이다.
고양이, 호랑이가 종이 다르고 유가 같다고 한다면,
고양이, 호랑이, 사람을 비교하면,
동물이라는 관점에서 유가 같아진다.
그러나

고양이와 호랑이의 동일성과
고양이와 사람의 동일성은 확연히 차이가 있다.
시학에서 말하는 은유란 이런 메커니즘을
이야기하는 것이다.

유는 큰 개념이고 종은 작은 개념이다.
유는 광의고 종은 협의다.
유는 전체집합이고 종은 부분집합이다.

시학에서
이런 표현이 나온다.
"여기 나의 배가 서 있다"
본래 오디세이아에 나오는 글을
아리스토텔레스가 인용한 것이다.
사실 배가 서 있으면, 정박이 맞고
차가 서 있으면, 정차가 맞다.
정박은 작은 개념이다.
왜냐하면, 배에 국한된 좁은 뜻, 협의이기 때문이다.
"서 있다"라는 표현은 큰 개념이다.
왜냐하면, 배, 사람, 자동차에게 모든 가능한 넓은 뜻,
광의의 개념이기 때문이다.

그래서
아리스토텔레스는
"여기 나의 배가 서 있다"라는 표현을
유를 가지고 종대신에 빌려 쓴 사례 중 하나로
소개하고 있다.

시학에서
이런 표현도 나온다.
"율리시스는 실로 만 가지 선행을 하였다"
본래 일리아스에 나오는 글을
아리스토텔레스가 인용한 것이다.
보통은 이럴 때, "만 가지 선행"보다는
"많은 선행"을 했다고 쓴다.
여기서 '많은'은 큰 개념이다.
'많은' 속에는 백도, 천도, 만도 들어 있다.
그렇지만, '만 가지'라는 표현은
'많은'에 비해 작은 개념이다.

그래서
아리스토텔레스는
"율리시스는 실로 만 가지 선행을 하였다"라는 표현을

종을 가지고 유대신에 빌려 쓴 사례 중
하나로 소개하고 있다.

시학에서
이런 표현도 소개된다.
"청동 검으로 생명을 가르면서",
"단단한 청동 검으로 베면서"
여기서 '가르다', '베다', '자르다'는
칼을 갖고 하는 행위를 지칭하는 동급의 표현이다.
어떤 것이 다른 것보다 더 크거나 작거나 한
개념이라 보기 어렵다.
똑같이 칼에 해당하는 작은 개념이다.
그러므로 종에 해당한다.

그래서
아리스토텔레스는
"청동 검으로 생명을 가르면서",
"단단한 청동 검으로 베면서"라는 표현을
종을 가지고 종대신에 빌려 쓴 사례 중
하나로 언급하고 있다.

마지막 은유의 종류는
유추다,
사물을 지칭할 때,
다른 사물의 이름을
유추하여 쓴다.

유추란 최소한의 투자로
최대한의 효과를 노리는
경제성의 원리와 같다.
효율을 모든 것에 우선시하는 요즘의 경영논리와
유사한 용어를 시학에서 언급하고 있다.

시학의 재조명 34
- 용어선택 -

제22장에서는 조사(장식어)에 대한 설명이 나온다.

"조사는 명료하면서도 저속하지 않아야 한다."

아리스토텔레스는
본래 늘 쓰던 용어는
명료하기는 하나
너무도 세속적이라고 생각했다.

다소 낯선 용어가
고상하며
비범하다고 얘기하면서
생소한 용어 사용을
권장하고 있다.

예를 들자면, 이렇다.

용어는 존재하되,

사용빈도가 낮고

그 사물과 사건을 지칭하는 데,

딱 제격인 용어인데도

사람들이 그 단어를 잘 모르고

요즘은 통 쓰질 않는다.

그런 용어가 낯선 단어가 되는 것이다.

사람들은

낯설고 묻혀 있으며,

뜻을 정확히 전달할 수 있는

적절한 말을 사용하지 않는다.

오로지 평범하고도

일상적인 용어만을 반복적으로

대화에서 사용하는 데 익숙하다.

이때, 작가가 숨겨져 있고

묻혀 있던 용어를 발굴하여 사용한다면,

그것은 비록 처음엔 낯설지만,

감동을 주고 명료한 조사가 된다는 것이다.

시학의 재조명 35
- 수수께끼 -

제22장에는 수수께끼에 관한 얘기가 나온다.

수수께끼란 무엇인가?
어떤 사물에 대하여
바로 말하지 않고
빗대어 말하며
알아맞히는 놀이를 말한다.

수수께끼는
기억하기가 아주 간단하고
전달과 보급이 쉽다.
개인 창작의 것이 아니고
심리적이고 기능적 필요에서
생겨난 담화의 근원적인 형태다.

사람들이
나누는 대화나
전달되는 구전을
분석하면
일정한 구조가 나온다.

정보전달 구조는
크게 두 가지로
구분된다.
하나는
'무엇'이고
나머지 하나는
'어떻게'다.

무엇은 스토리에 해당하고
어떻게는 담론(discours)이다.
여기서 담론이란 일종의 화법이다.

수수께끼는 일방적인 전달 방식이 아니다.
수수께끼는 양방향이다.
즉, 화자와 청자, 쌍방이 다 같이 참여한다.

수수께끼는 주기만 하는 것이 아니라 주고받는 것이다.

그러므로 수수께끼의 구성은

설문과 응답으로 이루어진다.

수수께끼는

어떤 사물에 대하여 직선적으로 표현하지 않고

완곡하게 표현한다.

수수께끼는 온통 은유(metaphor)로 구성되어 있다.

스핑크스가 물었다.

"처음에는 네 발로 걷고,

그다음에는 두 발로 걷고,

마지막에는 세 발로 걷는 동물이 무엇이냐?"

오이디푸스가 대답했다.

"그것은 인간이다."

이것이 수수께끼다.

스토리는 간단하다.

"어려서는 기어 다니다가,

커서는 걸어 다니다가,

마지막에는 노인이 되어

지팡이에 의존하는 것이 인간이다."

그러나 이런 스토리를
평범하고 일상적인 화법구조로
말한다면,
밋밋하다.

어떤 사물의 의미를 감추어서
그 결과
청자의 지적 상상력을 유발시킨다.
의도적으로 낯선 용어들을 차용한다.

'어려서'를
'처음에는'으로
'커서는'을
'그 다음에는'으로
'노인이 되서는'을
'마지막에는'으로 바꾼다.

'두 손과 두발로 기어 다니고'를
'네 발로 걷고'로

'지팡이에 의존하여 걷는'을
'세발로 걷는'으로
'인간'을
'동물'로 표현함으로써
은유와
고의적인 오도(誤導)를
적절히 구사하고 있다.

수수께끼식 화법은
드라마
광고
프레젠테이션에 활용한다면
효과 만점일 것이다.

시학의 재조명 36

- 은유 -

제22장에서는 은유에 능한 사람에 대해서 말한다.

시어체, 복합어, 낯선 용어, 은유 중
가장 중요한 것은 뭐니 뭐니 해도
은유라고 아리스토텔레스는 말한다.

은유에 능한 것은
배우고 익혀서 되는 게 아니다.
은유를 잘 표현한다는 것은
서로 다른 사물들의
유사성을 남다르게 천부적으로
간파하는 것을 의미한다.

은유를 잘하는 사람이 있다면,
그는 천재임에 틀림없다.

낯선 용어가
영웅시에 어울린다면,
은유는
비극의 대화부분에 적절하다.

돌직구식의
직접화법 대신에
점잖은 은유를
많은 사람들이 사용하게 된다면,
우리 사회는 더욱 더 풍요로워 질 것이다.

시학의 재조명 37
- 희곡과 시 -

제23장에서는 희곡과 시의 구분에 대해서 말한다.

희곡은 무대에 올려져 상연되는 것을 말하고
그냥 시(詩)는 운문을 말한다.

배우의 연기 없이
단지 서술만 하는 것은 시라 말한다.
아마도
여기서 말하는 시는
서사시를
지칭하는 것이리라.

무대에 올려지지 않는다 해도
서사시에도 스토리가 있어야 한다.

또한,
시(詩)속
스토리의 구성은
드라마의 구성과 마찬가지다.

시작, 중간, 종말
하나의 완결된 구성을 가진다.

작품은
하나밖에 없는
온전한
동물과도 같다.

그래야만
고유의 즐거움을
불러일으킬 것이다.

서사시란
역사와는 다른 것이다.

역사의 속성을 살펴보자.

역사는 하나의 행위만을

기록하지는 않는다. 역사는 어떤 정해진 시대에

여러 사람에게

일어난

모든 사건을 기록한다.

그 사건들은

서로

연관성이 없어도 된다.

서사시란

길이의 제한이 있다.

방대하면 곤란하다.

트로이 전쟁에 관해서 말하자면,

서사시에서는

그 전쟁 얘기를

전부 다루지는 않는다.

사건이 다양하고 복잡하기 때문이다.

작품이란
주인공이 있어야 한다.
한 사람이 중심이 되어
세상 이야기중
포커스를 한 곳에 집중시켜야 한다.

그리고
서사시란
사건의 연관성이 존재해야 한다.
인과성이나 상관성이
존재하는 사건,
그것이 중요한 포인트다.

한 시대의 역사적 이야기 속에는
수많은 작품이
생성되고
파생될 수 있다.

인생이란
주류로 살 때,
재미가 있다.

비주류로 사는 것도 의미가 있지만,
주류로 살아야
스포트라이트를 받을 수 있다.

사람들이 모두 출세를 하려는 것도
세상에서 주류로 나서기 위해서다.
인생은 내가 쓰는
나의 삶의 작품이다.

학교 사진사가 찍어주는
초등학교 졸업사진 속의 나는
나만이 제일 빨리 알아본다.
많은 학생들 가운데,
아무도 돋보이질 않는다.
주류와 비주류가 없는 평등한 사진이다.
그건 역사의 기록물일 뿐이다.

부모님이 찍어 주신
나의 기념사진 속에는
주위에 학생들은 작게 나오거나
배경에 스치듯 나온다.

비록 내가
성적도 꼴찌고
객관적으로 보면,
지지리도 못난 놈이지만,
내가 제일 크고 멋지게
그 사진 속에 자리 잡고 있다.
왜냐하면, 우리 가족에겐
내가 주인공이기
때문이다.

세상은 분명히
나뿐만 아니라
모든 사람들을 위해
움직인다.

나는 나만의 세상을 구축해야 한다.
마치 세상의 중심이 나인 양,...
인생은
내가 만들어 가는 나만의 작품이다.
그것은 누구에게나 적용되는 역사가 아니다.
나만의 서사시일 뿐이다.

시학의 재조명 38
- 서사시 1 -

제24장에서도 서사시에 대한 얘기가 이어진다.

아리스토텔레스는
서사시는 비극과 동일해야 한다고 강조한다.
단, 노래와 장경은 제외된다고도 말한다.

서사시는
비극과 마찬가지로
급전과 파토스가 필요하다.

앞서 말한 바 있지만,
급전이란
요즘 말로 반전을 뜻한다.
사건을 예상 밖의 방향으로 급하게 진전시켜서
보는 이에게 강한 충격과 함께
말하고자 하는 취지를 효과적으로 전달하는 방법이다.

급전을
반전이라 부르는 이유는
사태가 반대방향으로
변화하는 것을 의미하기 때문이다.

그러나
급전이
생뚱맞은 이야기를 말하는 것은 아니다.
전체맥락에서 보면,
그럴 수밖에 없는 그런 이야기다.
"개연적 또는 필연적
인과관계 속에서
급전은 이루어진다"고
아리스토텔레스는 말하고 있다.

파토스란
본래 수동적 상태를 말한다.
아리스토텔레스는 고통을 초래하는 행동이라 했다.

어쩌면
관중의 심리상태다.

남이 말할 때
그것을 듣는 사람이
기쁠 때와
슬플 때의
수용태도가 매우 다르다.

파토스는
그때그때
마음이 변하는 상태를 말한다.

사랑하는 사람과
이별했을 때,
평상시에는
별생각 없이 듣던 노래가사가
무지 슬프게 들리고
마음에 와 닿는 경우를 경험했다면
그것이 바로
파토스다.

파토스는
인간이 가진 감정의 균형선이 있다면,

이것을 넘어선 상태를 말한다.

서사시와 비극의 차이는

서사시가 좀 더 사건을 많이 다룰 수 있다는 것이다.

이 이야기가 뭔가 하면,

비극이란

무대라는 제약이 있기에

동시에 일어나는 다른 공간의 사건을

함께 다루기가 어렵다.

그러나

서사시는

동시에 다른 공간에서 일어나는 사건을

쉽게 같이 다룰 수 있다는 것을 의미한다.

시학의 재조명 39
- 서사시 2 -

제24장에서는 서사시의 운율에 대한 언급이 있다.

서사시의 운율은

안정성이 있고

무게감도 있어야 한다.

스토리텔링에 적합한 운율이 필요하다.

긴 스토리를 지루해하지 않고

집중시켜 듣게 하려면,

적합한 운율이 필요하다.

서사시의 운율은

요즘시대의

내레이션과도 같다.

내레이션(narration)이란

영화, 방송극, 연극 등에서,

장면에 나타나지 않으면서

장면의 진행에 따라

그 내용이나 줄거리를

장외(場外)에서 해설하는 것을 말한다.

내레이션은

듣고 이해하기 쉬운 단어로 구성되어야 한다.

주로 단문이면 좋다.

그러나

TV 다큐멘터리 내레이션은

그림에 대한 보충설명이므로

서사시의 운율이란

라디오 내레이션과 더 잘 어울린다.

제24장에서는 서사시의 요소에 대한 이야기가 나온다.

머리말은 짧게 하고
바로 인물이 등장해야 한다.

서사시의 주요 요소는
가능하지 않은 것에 대한
허용이다.

경이로운 것도 많이 나온다.
경이로운 것을 추구하다 보면,
있을 법한 얘기가 아닌 게 대부분이다.

희곡에서
경이로운 것을 많이 구성했다간
무대에서

판이 깨질 수가 있지만,
서사시에서는 어느 정도
과장과 거짓말을 해도 무방하다는 뜻일 것이다.

경이롭다 못해
아주 거짓말로 구성하는 경우도 있다.

그러나
거짓말은
서사시에
매력을 가미할 수 있다.

어느 사기꾼이
우연히 길에서 주운
사진 속에서 본
인물의 용모와 의복에 대해서
자세히 관찰한 후,
그 인물의 가족에게 접근하여
그 인물을 직접 만난 적이 있다고
거짓말을 할 때,
그 인물의 용모와 의복에 대해 자세히 설명한다면,

그 이야기를 들은 가족들은
사기꾼의 말에 쉽게 속아 넘어간다.

과장과 거짓은
친구관계다.

자신을 대단한 사람처럼 보이게 하고
경이롭게 나타내려면,
과장을 하게 되고
그러면,
자연스럽게
거짓말을 해야 한다.

시학의 재조명 41
- 모방 4 -

제25장에서 시인은 화가와 마찬가지로
모방인이라 말한다.

사물을 모방할 때에는
3가지 경우가 있다.

첫째는 사물이 있는 그대로를 모방한다.
둘째는 사물이 그렇게 되어 있다고 말하여지거나
믿어지는 상태를 모방한다.
셋째는 사물이 응당 그렇게 되어 있어야 하는
상태를 모방한다.

위에서 말한
세 가지 형태는
자신이 보고 느낀 것과
남이 이야기를 하고 믿는다고 생각하는 것,

그리고 마지막으로
자신의 바람으로,
그 사물이 변하여
장차 그렇게 되었으면 하는 것들로 축약된다.

그림으로 말하면,
정물화를 그릴 수도 있고
상상의 동물인 용을 그릴 수도 있고
내가 추구하는 세상은
이거다 하면서
추상화를 그릴 수도 있는 것이다.

중요한 것은
그것이 모방의 서로 다른 형태일 뿐이지,
모두 모방이라는 범주 안에 들어가는 모방,
그 자체라는 것이다.

펜으로
붓으로
모방하느냐에 따라
시인이냐

화가냐가
나누어질 뿐,
모방하는 행위에는
변함이 없다.

과거를 본으로 삼든
현재를 기준으로 삼든
모방은 모방이다.

나의 감각을 사용하든
다른 사람의 이야기와 믿음을 차용하든
나의 신념을 반영하든
모방은 모방이다.

시학의 재조명 42

- 학문 -

제25장에서는 학문분야의 차이점에 대해 말한다.

아리스토텔레스는
"시학은
정치학, 사회학 등과는
정당성의 기준이 다르다"고
말했다.

시학은
예술에 관한 것이다.
정치학이나 사회학은
사회에 국한된 것이다.

즉, 예술과 사회는 다르다는 것이다.

예술은 미를 추구한다.
사회는 정의를 추구한다.

예술은 쾌락, 즐거움을 추구한다.
사회는 공익을 추구한다.

예술은 주관적 관점을 추구한다.
사회는 객관적 관점을 추구한다.

예술은 자신의 생각을 중요시한다.
사회는 다른 사람의 관점을 중요시한다.

예술은 자아실현을 인정하고
사회는 처신을 높이 평가한다.

사회적으로는 지탄받는 인물이라 해도
드라마에서는
더없이 훌륭한 주인공이 될 수 있는
이치와 같다.

시학의 재조명 43

- 비평 1 -

제25장에서는 문학비평에 대해서도 살짝 언급이 된다.

사실, 문학비평이라기보다는
오늘날의 관점에서 보자면,
예술비평에 가깝다.

왜냐하면,
아리스토텔레스는
이 대목에서
글 쓰는 사람과
그림 그리는 사람을 함께
섞어
뭉뚱그려서
이야기를 풀어가고 있기 때문이다.

글 쓰는 사람은
흔히
두 가지 실수를
저지르는 경향이 있다.

하나는
본질적 과오이고
다른 하나는
비본질적 과오다.
후자를 철학에서는
우연성이라고도 한다.

만일 글 쓰는 사람이
불가능한 조건아래서
사건이나 사물을
모방하려 했다면,
그 실수는
본질적 과오에 해당한다.

만일
말(馬) 그림 그리는 사람이

데생은 올바로 했으나,
말의 오른발 두 개가 동시에
앞으로 뻗는
그런 그림을 그렸다면,
그런 실수는
비본질적 과오다.
사소한 실수란 얘기다.
기술상의 실수,
동물 생태 습성에 관한 실수....

비본질적 과오의 예를 들자면,
조각가가
의학적 지식이 부족하여
인체나 동물의
근골격계의 형태를
왜곡시킬 수도 있다.

기타 모든 사소한 표현 기술상의 실수는
작가의 상상력이
그 정도 수준밖에 미치지 못했기에
나타나는 현상이므로

시학 그 자체에 관련된
근본적인 문제는 아니란 얘기다.

비평도
다음 두 가지 실수는
분명히 짚고 넘어가야 한다.

비평은
이 작품이
예술성 본질에 관한 결함이 있는지와
단지 사소한 기술상의 결함이 있는지를
가장 먼저
구분해 놓고
문제점에 대해 논하고
해결점이나 개선점을
제시해야 한다.

먼저 본질적 과오에 대해 말하자면,
불가능성이란 조건이
작가의 상상에 의한 것이라 해도
과오라는 사실은 분명하다.

그러나 그 불가능성에 의해
예술의 목적이 충분히 달성되었다면,
그것을 단순히 과오라 부르지 않는다.
우리는 그것에 대해 문제 삼지 않는다.
즉, 목적을 위해 잘못된 수단을
용인하고 정당화하는 것이다.

이렇게 목적을 위해 수단이 정당화된 사례로
'헥토르의 추격[9]'을 들 수 있다.
불가능한 조건이 속한 부분과 다른 부분까지도
충격적이고 감동적인 장면으로 바꾸어 주었다면,
목적이 충족된 것이다.

---

[9] 아킬레우스는 헥토르와 성벽을 3바퀴나 도는 추격전을 펼쳤다. 헥토르는
아킬레우스의 창에 찔려 최후를 맞는다. 아킬레우스는 헥토르의 시신의
발뒤꿈치를 뚫어 마차에 매달고 파트로클로스의 무덤 주위를 돌았다. 포
악한 전쟁광의 모습을 보여준다. 그러나 아킬레우스는 헥토르의 아버지
프리아모스가 아들의 시신을 찾으러 왔을 때 예의를 갖추고 함께 눈물까
지 흘리는 인간적인 모습을 보여준다.

시학의 재조명 44
- 비평 2 -

예술비평 이야기를 계속 해보자.

아리스토텔레스는
뿔난 암사슴을 그리는 것은
알아볼 수 없는 그림을 그리는 것보다
낫다고 말한다.

아리스토텔레스는
예언자인가 보다.
실제로 요즘에는 인공적으로
암사슴 머리에도 뿔이 나게 만든다.
그러므로 뿔난 암사슴을 그리는 것이
큰 흉이 못 된다.

시인은
이상적인 인간을 그려야 한다.

그러나 때론 인간 모습 그대로를
그려야 할 때도 있다.
세상에 사람들이
모두 성형수술하고
보톡스를 맞아
얼굴이 **빵빵**해진다면,
어느 한순간에
자연스런 얼굴
그 자체를 그리워할지도 모른다.

배우의 역할도
인간이 그 정도로 훌륭했으면 하는
그런 바람과 욕망이 개입하여
매우 비현실적인 인물이 될 수도 있다.

공감을 줄 수 있는 '인물 그리기'란 무엇인가?
답이 없다.
여론은 늘 바뀐다.
관객의 반응도 늘 바뀐다.
정답이 없다.

세인들의 견해를 맞추어 나가는 것은
일반적인 예다.
그러나
더 훌륭한 작가라면,
이를 넘어서야 한다.
그러므로 비평도
두 가지 트랙으로 해야 한다.

과연 동시대의 관객 공감대를
자극했는가?
혹은
미래의 지평을 여는
선도자적 작품인가?

그리고 비평 중
자잘한 실수나 잘못을
지적하고 끄집어내는 것은
저급 비평이다.

큰 틀에서 바라보고
구조를 들여다보고

관객에게 큰 기쁨과 만족을 줄 수 있는지
여부를 얘기하는 게
진정한 비평이다.

공감대를 이루어 가는 일은
표준을 따르는 일이다.
그렇지만 표준만 따르다가는
새로운 표준이 나올 리 없다.
독창적 아이디어를 가진 사람이 나와
표준을 깨야 한다.
절대적 표준은 없다.
늘 변한다.
'모듈의 정합(modular coordination)'만 있을 뿐이다.

법을 준수하는 것이 매우 중요하다.
악법도 법이니 따라야 한다.
그러나 그 악법을 따르기만 하다보면,
늘 악법이 존재한다.
훌륭한 정치인이 나와
이 악법을 개정해야
사회가 발전한다.

더 중요한 것은

그 정치인이 악법을 개정하려면,

그 법이 악법이라는 사실을

과반수의 사람들이나

전문가들을

설득시키고 이해시켜야 한다.

설득력과 소통의 과정을 생략한

아이디어는 모방의 프로세스에 함부로 동승할 수 없다.

역사적으로 볼 때,

세상은 진보적 사고가 바꾸지,

보수적 사고가

세상을 바꾸진 못한다.

역사를 바꾸는 것은 진보적 사고일 뿐이지

진보적 인간이 바꾼다는 것이 아니다.

만일 그렇게 생각하면, 큰 오산이며 착각이다.

왜냐하면,

인간 그룹을 진보와 보수로

양분하여 얘기하는 것도 바보스런 일이기 때문이다.

한 인간은
하루에도 열두 번
진보적 생각과
보수적 생각이 수시로 바뀐다.

전면 무상급식은 진보고
선택적 무상급식은 보수다.
이런 식의 얘기도 무의미하다.

어설프게 앞서 가거나
몇 단계를 건너뛰어 앞서 가는 것은
국민 공감대를 얻기 어렵다.

진보는 표준위에서
약간의 개량된 표준을 제시하는 것이다.

너무 이상을 꿈꾸며
논리비약을 하면,
성형중독에 걸린 풍선 아줌마처럼
세상과 등지고 살 수 있다.
우리는 이것을 진보라 부르지 않는다.

시학의 재조명 45
- 비평 3 -

예술비평 이야기를 계속 해보자.

비판하기를 좋아하는 사람들은 흔히
등장인물의 언어나 행동을 문제 삼는 경우가 많다.
요즘에는 특정 직업을 비하하는 발언을 했느니 하면서
행동이나 언어 그 자체만을 보면서
나쁘다고 판단하는 경우가 있다.

등장인물의 언어나 행동만을 오려내어
그것만을 가지고 논하는 것은 어리석은 일이다.

행동하는 자,
말하는 자,
그 행동을 받는 자,
그 말을 듣는 자,
시간의 타이밍,

수단,
방법 등을 고려해야 한다.

더 중요하는 것은
앞뒤 문맥, context를 따져 봐야 한다.
표면적으로는
저속해 보이는 행동이나 언어라 할지라도
그 극의 내면에서
더 큰 효과를 보기 위해 사용되었는가를
분석해 보아야 한다.

등장인물이
그 같은 언어나 행동으로
더 큰 이익을 얻게 하거나
더 큰 손해를 보게 할
작가의 의도가 있었고
극에서 충분히 발휘되었다면,
그 언어나 행동을
역할에 반영할 동기가
있었음이 분명하다.

이럴 땐
단순히 비판하고 여론을 등에 업고
비난만 하면,
그것은 올바른 비평이라 할 수 없다.

시학의 재조명 46

- 비평 4 -

작가의 언어표현에 대한 비평을 알아보자.

작가 나름의 언어를 제대로 비평하여야 한다.
말하는 사람이 사용한 표현을
정확히 이해해야 한다는 뜻이다.
역사적으로 보면, 언어표현을 제대로 이해하지 못한 채,
오해가 정설로 굳어진 경우도 많다.

말한 사람의 의도와 다르게 전달된 예를 살펴보면,
아래와 같다.

① 『건전한 신체에 건전한 정신』

이것은 고대 로마의 유베날리스가 읊었던 시구에서 일
부를 따온 것이다. 재미있는 사실은 본래 화자의 뜻은 오늘
날 회자되는 것처럼 건강한 신체를 찬양하는 내용이 아니
다. 당시 로마에서는 젊은이들이 스포츠에만 빠져 공부나

인격수련을 게을리하는 일이 많았다고 한다. 운동하는 것까지는 좋은데, 몸짱 운운하는 멍청이들이, 생각도 좀 하고 살았으면 좋겠다는 의도에서 한 말이다. 즉, 운동만 하지 말고 정신수양도 함께했으면 좋겠다는 뜻이다. 오늘날은 거꾸로 몸이 건강해야 정신이 바로 설 수 있다는 말로 곡해되고 있는 것이다. 본래 작가의 의도는 헬스클럽에서 몸짱 만들기에 여념이 없는 사람들에게 몸이 아름다워지는 것도 좋은데, 그 몸매에 어울리는 깊은 사고와 지혜도 갖추라는 뜻일 것이다.

② 『천재는 1%의 영감과 99%의 노력으로 만들어진다.』
에디슨이 기자들 앞에서 한 말이다. 본래 의도는 노력보다는 『영감(inspiration)』에 강조를 한 것이다. 영감이 당연히 중요하다. 영감이 없으면 아무것도 나올 수 없다. 단 1%라도 영감이 있어야 한다. 노력만 가지고는 도저히 이루어지지 않는다는 의미다. 그런데 이상하게도 노력을 강조한 것으로 재생산되고 있다.

③ 『인생은 짧고 예술은 길다(Life is short, Art is long)』
이것은 히포크라테스가 한 말이다. art라고 영어로 번역된 그리스어는 『학문, 기술』 등을 뜻하는 말이었다. 현대

영어의 art에도 『기술』이라는 뜻은 남아 있다. 히포크라테스가 말하는 art는 당연히 의술이었다. 즉,『인생은 짧은데 의술을 배우는 데는 시간이 많이 든다. 잡생각 하지 말고 열심히 공부하고 수련하라』는 뜻이 된다. 인생은 매우 짧은 데 비해 의술(醫術)의 길은 멀고도 험난하니 이 길을 택하고자 하는 사람들은 각오를 단단히 하고 항상 스스로 경계하며 자신을 추슬러야 한다는 이야기를 후세의 사람들이 확대 해석하였을 뿐이다. 동양의 경구로 번역하면 『소년이로학난성(少年易老學難成)』이 되겠다.

이상의 경우만 보더라도,
작가는 명확하게 자기 뜻을 분명히 해야 한다.
애매모호한 어구를 사용하거나
중의로 해석이 가능한
너무 함축적인 용어를 사용하는 것은 금물이다.

물론 비평가들도
혹 작가가 애매모호한 표현이나
사투리를 썼더라도
작가의 의도를 명확히 모르는 한,
함부로 해석해서는 곤란하다.

시학의 재조명 47

- 비평 5 -

제25장의 비평 이야기는 계속된다.

아리스토텔레스는 문학과
논리학을 엄격히 구분하고 있다.

논리학적 관점에서 보면,
호메로스가 일리아스에 쓴 글은
매우 비논리적이다.

"모든 신과 인간들은 밤새도록 잠들고 있었다.
트로야 벌판을 바라보았을 때, 그는 피리소리를 들었다"

호메로스는 앞뒤가 맞지 않는 말을 하고 있는 것이다.
앞의 문장에서
모든 사람이 다 잠들었다 하면서,

뒤의 문장에서
어떻게 그는 피리 소리를 듣느냐는 것인가?
또 누가 피리를 부느냐는 것이다.

논리학에서 불가능한 것이
문학에서는 가능하다고
아리스토텔레스는 말한다.

그 비결은
'은유'에 있다.

'모든 사람'이란 뜻을
곧이곧대로 해석하면 안 된다.
'모든'이라는 관형사를
'대부분'이라는 '은유'로
해석하면, 문학에서는
논리적 속박에서 해방될 수 있는 것이다.

철학적 진리를 표현하기 위해서는
논리적인 언어가 반드시 필요하다.
한편,

은유란

언어가 가지고 있는 중요한 특성인

'의미'를 애매모호하게 만들 수도 있고

심지어 '무의미'하게 만들 수도 있다.

그러나

은유는

언어를

매우 감성적으로 만들어 줄 수 있는 장점이 있다.

은유는

언어의 객관성을 떨어뜨릴 수는 있어도

언어의 주관성을 높여주는 양념이다.

목에 감는 얇은 머플러를

잘 접어

남성 양복 왼쪽 윗주머니에 꽂는다면,

멋진 행커치프가 될 수도 있다.

언어나 사물이나

용도가

반드시 그래야만 된다는 것은

표준이다.

그러나
더 멋있을 수 있다면,
그 같은 표준쯤이야
좀 벗어나도
별 문제 될 것이 없다는 얘기다.

시학의 재조명 48
- 문법 -

제25장에서는 문법에 대해서도 언급하고 있다.

구두점과 같은 문장부호나 기호는
커뮤니케이션의 오해를 방지할 수 있다.

한 단어의 뜻이 여럿 있을 경우,
주의를 기울여야 한다.
다의성에 의해 오해를 불러일으킬 수 있기 때문이다.

언어의 관습도 중요하다.
언어의 관습은 문법보다 더 중요하다.
문법은 언어 관습을 정리한 것이다.
문법과는 다소 다른
언어의 관습은 예외로 취급된다.
그 예외를 사람들이 더 익숙해한다면,
문법의 잣대로 비평할 것이 아니라

언어의 관습으로 포용해야 한다.

시적 표현이 우수하다면
문법이 다소 틀리더라도
문제 삼을 필요가 없다.

시인을 도식적인 문법의 테두리 안에서 가두고
비판하여도 곤란하고
시인을
자신의 견해와 다른 이야기를 한다고
비판하여도
이는 옳지 못하다.

인생의 길은
하나만 있는 것이 아니다.
길은 여럿 있다.
가능성을 열어 두고
다양성에 대한 시도를
높이 평가하는 것이 중요하다.

시학의 재조명 49

- 논쟁 -

제25장에서는 논쟁 요령에 대해서도 말하고 있다.

비평가들은
작가의 작품 중에
왜 불합리한 것을 기술했냐고
비판할 수 있다.

그때, 작가는
이렇게 방어해야 한다.
불합리하지만,
여론이 그렇다.
또는
불합리한 것일지라도
때로는 합리적일 수 있다고
반박해야 한다.

작품의 글이

보통 사람의 판단에 비추어

어긋난 부분이 있을지라도,

일관성만 있다면

빠져나갈 구멍은 얼마든지 있다.

비상식적인

서술부분에 대한 비판이 쏟아질 때,

작가가

동일한 사물을

혹

동일한 사건을

동일한 관계에서

동일한 맥락으로

동일한 의미로

취급한 흔적이 있다면,

그것은

작가의 스타일이라

주장하면 된다.

불합리한 플롯이나
생뚱맞은 성격이나
난데없는 인물이
아무런 인과관계도 없이
등장했다면,
변명의 여지가 없다.

일단 작가는
가급적
다섯 가지 과오를 피해야 한다.

불가능,
불합리,
비열함,
모순,
기술상의 오류

글을
쓰다 보면,
어쩔 수 없이
위에 언급한

과오들을 저지를 수 있다.

이때,

각각에 대해

반박할 수 있는 방어 수단을

갖추는 것도 작가의 능력이다.

모든 문제는

각기 나름대로의

해결방법이 분명히 있다.

논박에서도

공격에 대한

방어방법은 반드시 있다.

창이 개발되면,

그것을 막기 위해

방패가 개발되고

그것을 뚫기 위해

또다시 더 날카로운 창이 만들어지고

그다음엔 또

성능이 개선된 방패가 생길 것이다.

남을 비평하고
반대로
자신을 비평으로부터 보호하는 일은
끝없이
계속되는 작업이다.

논박과 비평은
피할 필요도 없고
피할 이유도 없다.
일종의 게임으로
지쳐서 짜증내는 사람보다는
숙명처럼 받아들이며, 즐기는 사람만이
최후의 승자가 될 것이다.

시학의 재조명 50

- 모방 5 -

제26장에서는 먼저 저속한 모방에 대한 언급이 있다.

모방에 대해 등급을 매기고 있다.

우수한 모방과 저속한 모방.

중요한 건 기준이다.

우수한 모방과 저속한 모방을 가르는

기준은 과연 무엇일까?

플라톤이라면 이렇게 말했을 것이다.

부인네들이 좋아하고

청소년들의 환호성을 자아내는 작품은

저속한 모방이고

나이 지긋하고 점잖은 사람들이 애호하는 작품은

우수한 모방이다.

즉, 플라톤이 생각하는

모방의 우수성 기준은 관객의 수준이다.

아리스토텔레스의 기준도

관객의 수준에 있다.

훌륭한 관객을 상대로 하는 작품은

우수한 모방이라고 말한다.

그는 관객이라는 기준에

추가로 연기자나 연주자의 수준을 거론한다.

연기자의 오버액션은

저속한 모방이라고 생각했던 모양이다.

연기자는 주어진 대본범위 내에서

대사와 표정

그리고 몸짓으로 충분히

자기 역할을 수행해야 한다.

과도한

별별 몸짓과 애드리브는

그다지 우수한 모방이라 할 수 없다.

왜냐하면,

우수한 모방이란

주어진 대사만 하여도
관객들이 족히 이해할 수 있는 것이기 때문이다.
연기자가 주어진 대사 이외에 뭔가를 보태지 않으면
관객이 이해하지 못할 것이란 강박관념이 있다면,
이는 분명히 대본이 부실하거나
연기력이 원숙하지 못하다는 증거다.

고대 그리스 시대에 말하는 우수한 모방이란
오늘날의 대중예술과는 거리가 있는 듯하다.

마치 노인들이
TV 뉴스나 인터넷 뉴스는 대중이 보는 것이고
신문은 인텔리겐차가 보는 것이라 생각하듯이...

그리스 시대에는
저속한 모방을 일삼는 사람을 "원숭이"라고
낮잡아 불렀다고 한다.
아름다운 선율을 연주하는 사람을
연주가라 부르지만,
그저 그런 소리를 내는 사람은 "딴따라"라고 부르듯이...

지금은 연예인이 마치 귀족이나 된 양
"공인" 운운하지만,
연예인에 대한 사회의 인식은
그들이 얼마를 버느냐보다는
그들이 얼마나 우수한 모방을 하느냐에 달려 있다.

저속한 모방을 하면서도
높은 소득을 올린다면
"원숭이"나 "딴따라"라는 호칭이
사회인식 속에 잠재되어 있을 수 있다.
훌륭한 연기를 하면서도
낮은 소득으로 고생한다면
그 같은 연예인은
언젠가 분명히
사회의 존경심을 불러일으킬 것이다.

시학의 재조명 51

- 연기 -

제26장에서는 배우의 연기에 대한 언급도 있다.

아리스토텔레스는
배우의 오버액션을
무척이나 싫어했다.

배우의 과도한 제스처와 어울리지 않는 노래 등이
글쓴이의 사소한 잘못보다
더 비난받을 일이라고 생각한 듯하다.

잘못 행해진 동작들은 배척되어져야 한다.
물론 모든 동작을 반대하는 건 아니다.
낮은 계급의 여성들의 동작이나 춤을
배우들이 무대에서 행하는 것은 옳지 못하다고
아리스토텔레스는 생각했다.

무대는 신성시되어야 한다.
편하게 하고자
일상생활과 다름없는
행동들은
무대가 지향하는 바가 아니다.

무대는 관객이 바라보는 동경의 대상이다.
뚝방집 아줌마들의 악다구니를
극장까지 와서
관객들이 관람할 하등의 이유가 없다.

비극도
서사시와 같이 동작 없이
본래 소기의 목적을 달성할 수 있다.
비극도 대본 자체만 읽어도 그 내용을 파악하고
그 희곡이 훌륭한 작품인지를 판단할 수 있다면,
배우의 동작은 본질이 아니라는 것이다.
가장 중요한 것은 대본 그 자체이고
배우의 동작은 다른 차원의 평가 대상이란 것이다.

마치 예쁜 여자가
간단한 티만 하나 걸치고
청바지 하나만 입어도 미인이라는 칭송을 받지만,
그녀가
멋들어진 옷들로 코디하고
옷에 딱 어울리는 액세서리로
치장한다면,
더욱더 그녀의 아름다움이
빛을 더 발하는 이치와 같다.

배우의 동작은
비극의 대본을
더 빛내 줄 액세서리와 같은 것이다.

시학의 재조명 52
- 비극 6 -

제26장에서는 비극의 특징을 말하기도 한다.

"비극에도 서사시의 운율을 사용할 수 있다"고 말한다.
또한 비극에는 음악과 장경이 삽입된다.
그중에서 음악은 드라마의 쾌감을 만들어 준다.

제대로 된 비극은 읽기만 해도 재미있고
마치 무대 위에서 연출되는 듯한 느낌을 준다.

비극적 모방은
그리 길지 않은 시간 내에 목적을 달성할 수 있다.
꽉 짜인 집중도에 의해 효과를 발휘하며
늘어진 시간 속에 분산된 효과보다는
짧은 시간 안에 화끈한 감동을 줄 수 있다.

서사시는 늘어지는 맛이 있고
비극은 압축된 맛이 있다.
서사시는 묵은지고
비극은 겉절이다.

본래 장편소설은
그 자체가 완성작이다.
이것을 축약하여 단편으로 만든다면,
마치 장기판에서 차·포 다 떼고 장기 두는 것과 같다.
그러나 그것을 영화로 만든다면,
시리즈물밖에 되질 않는다.

50회로 약속한 주말 연속극을
인기가 있다 하여
인위적으로 70회로 늘린다면,
이것은 술에 물을 타서 양을 늘리는 것과 같다.

비극은 항문 조이듯
꽉 오므리는 게 제맛이다.
아무 때나 늘리고 벌이는 일은
연극에선 피해야 할 사항이다.

시학의 재조명 53
- 서사시 4 -

제26장에서 서사시가 통일성이 부족하다고 말한다.

서사시가 통일성이 없다면,
비극은 통일성이 있다는 얘기다.
물론 상대적인 비교다.

통일성에 대한 얘기는
사실 본질적으로
모방의 통일성에 관한 지적이다.

하나의 서사시 작품을 가지고
여러 작품의 비극을 만들 수 있다.

서사시를 비극처럼
짧게 기술하고 표현하려 한다면
꼬리 잘린 도마뱀 같다는 인상을 줄 것이고,

반대로
비극을 서사시처럼
길게 늘여 써 놓는다면,
밥의 양을 늘리려고
물을 많이 타서 만든
죽과 같다고 말할 수 있다.

"서사시가 통일성이 적다고 한 것은
다수의 행위로 구성됨을 의미한다."

이 같은 다수의 행위를
하나씩 독립시키면
하나의 이야기로 구성된
비극이 될 수 있다.

비극과 서사시의 공통점은
쾌감에 대한 추구다.
모방을 통해
연민과 공포에서 오는 쾌감을 말한다.

비극과 서사시가 추구하는

쾌감이란

우연적인 것이 아니다.

계획에 의해

반드시 이끌어내는 쾌감인 것이다.

이것은 드라마의 성패를 좌우한다.

비극은 서사시보다

더 압축적인 쾌감을 줄 수 있다.

비극이야말로

가장 우수한 형식의 예술 장르임이 분명하다.

드디어 대장정의 시학의 재조명 막을 내립니다.

■ 저자약력

홍 창 의

- 現 관동대학교 광고홍보학과 교수
- 시사평론가
- 'MBC TV 비전 21' 프로그램에서 21세기를 이끌고 갈 21명의
  전문가로 선정되어 45분간 인물 특집방송의 주인공이 됨
- MBC 라디오 금요아침 진행자 역임
- SBS 라디오 방송칼럼 진행자 역임
- 교통방송 목요일 칼럼 진행 역임
- 각종 TV 시사토크 프로그램 패널 참여
- 각종 신문 칼럼 연재 중

시학의 재조명

초판인쇄 2013년 3월 3일
초판발행 2013년 3월 7일
저   자 홍창의
발 행 인 권호순
발 행 처 시간의물레
등   록 2002년 12월 9일
등록번호 제1-3148호
주   소 서울특별시 마포구 마포대로 4다길 3 1층
전   화 02-3273-3867
팩   스 02-3273-3868
전자우편 timeofr@naver.com
I S B N 978-89-6511-087-3 (93130)
정   가 14,000원
*잘못된 책은 바꿔드립니다.